SCHWEDEN

...einen Sommer lang

KERSTIN HESS
BRIGITTE KASSEM
CHRISTIAN MAHN

BUSSECOLLECTION

Konzept, Styling:
Kerstin Heß, Stuttgart
Grafik:
Christian Mahn, Stuttgart
Fotos:
Kerstin Heß, Christian Mahn
Text:
Brigitte Kassem,
Odensvi/Schweden

Druck und Verarbeitung in
der Europäischen Gemeinschaft

ISBN 978-3-512-04018-4

Von Land, Menschen und Tieren

Entscheidung im Schärengarten	6
Die schwedische Sprache	12
Ausflug einer kleinen Dohle	17
Frühling mit Lämmern	18
Poly ist ein gutes Schaf	24
Das schwarze Schaf	34
Falunrot - die Glut aus der Tiefe	42
Mittsommer	46
Surströmming	52
Flaggdag - ein ganz besonderer Tag	54
Der Hütehund	62
Kräftskiva	104
Smultronställe	120
Sommernacht	128
Im Zauberwald	139
Kalas - Herbstfest in Mulestad	144
Der Schneesturm	153
Advent	154
Kjell	156

Unterwegs in Småland

Besuch auf der Halbinsel Torrö	65
Flatvarp	72
Hulöhamn	78
Stora Grindö	85
Mit dem Faltboot unterwegs	88
Rågö	90
Bootstour auf dem Stångån	94
Dalarö	109
Idyllen am Rande des Weges	130
Enlang der felsigen Küste bei Bjursund	134
Wanderung bei St. Hallmare	140

Vorwort

Die Fähre verlässt am Abend den Hafen von Travemünde, und wieder einmal sind wir auf dem Weg nach Norden. Unser Auto ist voll gepackt: 2 Fahrräder mit Packtaschen, Kamerakoffer, Angelzeug, ein Faltboot, ein kleiner Außenbordmotor und angehängt ist eine kleine Jolle. Und für unsere Sammelleidenschaft: viele Gläser und Zucker für Blaubeer- und Preiselbeermarmelade.

Über Nacht bringt uns die Fähre nach Trelleborg. Dieses Mal geht unsere Reise nach Odensvi, im Norden von Småland. Wir haben ein kleines rotes Ferienhaus gebucht, und weil wir sehr spät dran waren, ist die Auswahl nicht sehr groß gewesen. So waren wir sehr gespannt, was uns erwartet. Nach etwa 6 Stunden und 420 km sagt das Navi: Sie haben Ihr Ziel erreicht. Wie waren wir überrascht: ein rotes Häuschen am See, in einem großen Park und umgeben von uralten Eichen. Eine Idylle!

Wir werden herzlich empfangen: Brigitte und Swip, der Hütehund, begrüßten uns. Brigitte, die hier mit Ihrer Familie seit 16 Jahren zu Hause ist, zeigt uns das Haus, führt uns zum Ankerplatz für die Jolle und erklärt uns, wo sich der nächste Einkaufsladen befindet.

Nach einem Erholungsschlaf machen wir uns am nächsten Morgen auf Entdeckungstour. Mit dem Fahrrad geht es durch Wälder auf sandigen, aber festen Wegen, auf fast autofreien Straßen zu dem nächst größeren See. Was für eine schöne Landschaft. Vorbei an romantischen Wäldern, kleinen Seen, Weiden und vielen roten Häuschen... Schon sind die ersten Steinpilze und Pfifferlinge in den Satteltaschen eingesammelt. Blaubeersträucher voller Beeren wurden auch schon gesichtet. Da lacht das Sammlerherz.

Auch zum Meer ist es nicht weit. Ein ganz anderes Landschaftsbild zeigt sich: die Ostsee mit ihren unzähligen kleinen und großen Schäreninseln, reizvollen Buchten mit flachen Felsformationen, mit Flechten und Moos bewachsenen großen Steinen, dazwischen romantische Pfade entlang der Küste. Mit dem Kanu oder Kajak ein Erlebnis ohne Gleichen.

Nach 3 Wochen Urlaub fällt uns der Abschied von unserem roten Häuschen sehr schwer und wir versprachen wiederzukommen.

Nun sind wir schon vier mal nach Odensvi gefahren, haben viel erlebt und gesehen. Da kam uns der Gedanke, all die schönen Dinge in einem Buch fest zu halten. Brigitte hat das Buch bereichert mit Erzählungen ihrer Erlebnisse aus den Jahren in Odensvi. Vielleicht bekommen auch Sie, lieber Leser, Lust auf Ferien in Schweden.

Brigitte und Eddy, wir danken Euch für die vielen gemeinsamen, schönen Wochen in Schweden.

Kerstin und Christian

Entscheidung im Schärengarten: Wie alles anfing.

Wenn es nicht geregnet hätte, würden wir vielleicht noch heute in unserer deutschen Großstadt leben. So, wie wir es 20 Jahre lang getan hatten : Vorwiegend zufrieden und versorgt mit allen Zutaten des zivilisierten Lebens. Zusätzlich verbrachten wir unseren Urlaub und später die Ferien mit den Kindern immer mal wieder in Schweden. So war es auch damals, ich erinnere mich noch genau daran:

Das rote Beiboot verschwindet um die flachen Felsen der langen Bucht, die nach Harstena führt. Ein windstiller Junimorgen, das Meer umspielt tiefblau mit leichtem Seegang die "Cayenne", unser Segelboot, das seit zwei Tagen an einer bewaldeten Schäreninsel vor Anker liegt. In der kleinen Bäckerei auf Harstena in Gryts Skärgården gibt es frische Brötchen. Die Kinder lieben es, unter diesen Bedingungen früh am Morgen Brötchen zu holen; Schwimmwesten anlegen, Trillerpfeife umhängen und Laura rudert. Sie ist vierzehn und die Ältere. Auch Milch gibt es in Harstena. Blaubeeren sammelten wir gestern abend zwischen den Felsen über unserer Anlegestelle. Lange saßen wir dort oben und schauten aufs Meer, das nachts im Juni nicht dunkel wird. Die Kinder zählten die Sternschnuppen. Und heute morgen werden wir an Deck frühstücken. Blaubeerpfannkuchen.

Der Schärengarten breitet sich wie ein Band über 75 Seemeilen entlang der Küste zwischen Kalmarsund und Arkösund aus. Schären gibt es auch vor Karlskrona im Süden und weiter nördlich an der Küste vor Stockholm. Hier vor Västervik bis zum St. Anna-Skärgård bei Söderköping sind es allein mehr als 5000 dieser kleinen Inseln: Oft nur karge, rötliche Felsen, zwischen den Steinen Wasserstellen mit Moos, Blumen und Gräsern. Das Seewasser ist längst nicht so salzig wie an der Westküste. Auch die Kühe trinken es gern. Andere Schären sind bewaldet. Kleine Buchten und Badestellen laden zum Ankern ein. Die Vogelschutzgebiete sind auf den Seekarten ausgewiesen, und dürfen zwischen Anfang April bis Ende Juli nicht angelaufen werden. Mit dem Fernglas lassen sich die vielen Seevögel beim Brüten und Füttern gut beobachten, wenn man im vorgeschriebenen 100 m-Abstand still zwischen den Inseln entlanggleitet. Kajakfahrer lieben diese Touren in der Windabdeckung der Küste.

Das rote Boot taucht weit vorn an der Inselspitze wieder auf. Nun können die Eier aus der Kühlbox geholt werden. Der 6jährige Philipp erzählt von den vielen Booten, die im Hafen von Harstena festgemacht haben. Das Mittsommertreffen der Bootsfahrer dort hat Tradition. Eine Trillerpfeife sei ausserdem ins Wasser gefallen. Glücklicherweise ohne Kind.

Schon oft haben wir daran gedacht, den Segelurlaub gegen Ferien im Sommerhaus einzutauschen. Schon vor unserer Heirat vor 15 Jahren segelten Eddy und ich in jedem Sommer. Die Kinder waren von Anfang an dabei. Doch sie werden größer und ein Sommerhaus wäre schön. Warum nicht an

einem See, mit einer Jolle am Ufer? Am nächsten Tag legen wir in Västervik an, einer kleinen Stadt an der Ostseeküste Smålands. Die alte St. Gertrudskirche überragt mit ihrem weissen Turm und dem Schieferdach mit dem goldenen Stern die Altstadt. Wir spazieren auf dem Kopfsteinpflaster unter Kastanien an den grauen und roten Holzhäusern entlang. Hier wohnten einst Bootsbauer, Handwerker, Stauer und Fischer. Kletterrosen wachsen vor den Häusern und ranken sich um die Türpfosten. Auf der anderen Seite der Bucht liegt Stegeholm, eine Festung aus dem 17. Jahrhundert. In ihren Ruinen findet das "Visfestival" statt, ein im ganzen Norden beliebtes Sängertreffen das jährlich tausende Besucher anlockt. Oben auf dem Kulbacken steht der schlanke weiße Uno-Turm. Wir klettern die vielen Stufen nach oben und blicken weit über die Stadt und die Halbinsel Gränsö hinaus auf die Inseln im Meer.

Unser Sommerhaus

Ein warmer Sommerregen hat eingesetzt. Eddy bleibt vor dem Aushang eines Immobilienbüros stehen. Er deutet auf ein Foto, das nicht größer ist als eine Briefmarke. Der Regen wird stärker, wir gehen hinein und lassen uns informieren. Auch ich finde das weisse Haus mit dem roten Ziegeldach schön. Aber was sollen wir mit zehn Hektar Land anfangen? Zehn Hektar was überhaupt? Wiesen, Weide, Ackerfläche, Seeufer, Obstgarten, Uferwald. Auf dem grasbewachsenen Hang zwischen Haus und Ufer steht ein alter, weisser Holzpavillon, grosse und sehr alte Eichen wachsen dort. Einen Bootssteg gibt es da unten und ein Ruderboot. Warum nicht bald auch eine Jolle? Es ist uns ein Rätsel, was wir mit dem Ackerland und den Weiden anfangen sollen. Aber es ist zu spät. Wir haben uns verliebt. Zwei Jahre vebrachten wir unsere freie Zeit im Sommerhaus in Odensvi in Schweden.

Die Kinder und ihre Freunde kletterten auf Leitern an den Stämmen der alten Eichen empor, um in die dunklen, großen Astlöcher zu spähen Sie schlangen ihre Arme um die dicken, verwitterten Stämme, um zu messen, wie dick diese alten Bäume sind. Die größte Eiche benötigt zehn ausgestreckte Kinderarme.

Oft lagen wir unter den Eichen und schauten in das Meer der grünen Blätter. Eine Million Lebewesen beherbergt so eine alte Eiche, sagte William, der Gärtner aus Västervik, der uns wegen der alten Bäume besuchte. Eine Million: Insekten, Würmer, Käfer, Schmetterlinge, Vögel, darunter verschiedene Eulenarten, Eichhörnchen und Taucherenten während der Brutzeit. Und manchmal auch Luchse in kalten Wintern, wenn sie Nahrung suchen.

...am See

Schon oft haben wir Hirschhornkäfer am Fuß der Eichen gesehen, wie sie langsam und unbeholfen ihr großes, schwarzes Geweih durchs Gras tragen. In den Sommernächten erfüllt ein Summen die Luft über den alten Bäumen, das an das Geräusch von Hochspannungsmasten erinnert. Eine Eiche braucht 300 Jahre um zu wachsen, erzählt William. 300 Jahre ist sie auf der Höhe ihrer Lebenskraft, und 300 Jahre lang verliert sie diese Kraft, bis sie stirbt. Unsere Eichen schätzt er auf 600 bis 800 Jahre. Sie sind völlig hohl, an vielen Stellen kann man hineinsehen und hineingreifen. Dennoch gelingt die Nahrungsaufnahme durch die Rinde bis in die Blätter. Ob man da nicht etwas vorbeugen könne, fragte ich. Baumchirurgie vielleicht? Die hohlen Stellen mit Zement füllen? Ja, man sei da tüchtig sagte William. "Busy", meinte er. Es helfe aber nicht. Wenn die Eiche alt genug sei, sterbe sie eben. Mit oder ohne Zement. So sei das eben. William arbeitet schon seit vierzig Jahren im Stadtpark von Västervik. Er hat sein Leben mit Bäumen verbracht, er weiss viel über sie. Und er hat auf gewisse Art von ihnen gelernt. Wenn man etwas tue- so zum Beispiel einen Baum operieren-, müsse man zwischen dem unterscheiden, was sinnvoll ist und dem, was man sich wünscht. Um das Sinnvolle herauszufinden, brauche man etwas mehr Zeit. Es ist nicht gleich zu erkennen. Das Wünschen dagegen gehe schneller, führe aber nicht immer zu einem guten Ergebnis. Man müsse unterscheiden können zwischen "behov" und "begär" , need and desire, sagte William, Bedürfnis und Wunsch. Das gelte im Übrigen nicht nur für Eichen. Irgendwann ist es dann geschehen. Die Zeit war gekommen. Oft schon hatten wir im Spaß gesagt, daß es schön wäre nach Schweden umzuziehen.

Warum sollten wir nicht einfach die Dinge umkehren? Wir ziehen in unser weißes Sommerhaus nach Schweden, und machen mal Ferien in Deutschland, der alten Heimat. Und so geschah es.

Brigitte Kassem

Die schwedische Sprache

Mit der schwedischen Sprache ist es wie mit den schwedischen Menschen. Sie kommt nicht gefällig und wohltönend daher. Sie flirtet nicht mit klangvollen Redewendungen. Sie zählt nicht zu den raschen Eroberungen, sondern entzieht sich ersten Annäherungsversuchen gern. Während beim Schriftbild der Eindruck entsteht, es könnte durchaus etwas daraus werden, kommt beim Sprechen eine gewisse Ernüchterung auf, jedenfalls am Anfang. Dennoch gilt: Schwedisch ist eine germanische Sprache. Und auch Deutsch ist eine germanische Sprache. Aber die Germanen hatten recht unterschiedliche Lebensbedingungen. Während im Süden die Römer neben anderen Errungenschaften auch eine Menge Wörter und Tipps zur Grammatik dagelassen haben, und Karl der Grosse schließlich sich und die Untertanen mit der Rechtschreibung plagte, musste man sich im ungleich rauheren Skandinavien mit endlos langen, dunklen Wintern, unfruchtbaren Böden und Steinen abkämpfen. Immerhin liessen die sich mangels Papier als Schreibunterlage benutzen, wie die Runenschrift beweist. Aber das Ganze war unbequem zu hantieren, und die Kräfte wurden anderswo gefordert.

Dennoch ist Schwedisch germanischen Ursprungs, und erfreut stellt man fest: Sport heisst Sport, und Mord heisst Mord. Und schon liegt der Hase im Pfeffer, denn das schwedische "O" wird als "U" ausgesprochen: Also Mord ist Murd. "Sport" klingt dagegen wie im Englischen. Und noch mehr Stolpersteine: Ein kleiner Kringel auf dem A - also Å -, und dieser Kringel macht es zum O, so wie es im Deutschen gesprochen wird. Ja, und das A ohne den kleinen Kringel ist der Lieblingslaut der Schweden: Irgendwo zwischen A und O angesiedelt, offen gesprochen - bra! -, wird er als Universalantwort auf alle Fragen, als Bestätigung oder auch Anzeichen fürs Nachdenken schlechthin genutzt. Ein oft langgezogenes "Aaaaooo" bedeutet soviel wie "ja, vieleicht", "mal sehen", "kommt drauf an" oder "darüber kann man mal nachdenken". Schweden sind Meister des sachten und vagen Bejahens bei gleichzeitiger Verneinung. Das Heftige ist ihre Sache nicht, und soll etwas knapp und deutlich bejaht werden, gebrauchen besonders junge Schweden gern das englische "yes" mit ä. Auch die Mitlaute biedern sich nicht gleich an. Das gilt insbesondere für das "sj", das "skj" und das "sk" vor hellen Vokalen wie e und i. Solche Laute gibt es im Deutschen erst mal gar nicht, viel zu ungenau. Sie werden weit hinten im Gaumen gleichsam wie ein Windhauch gebildet und mit dem folgenden Vokal verbunden."Sju" beispielsweise, das heisst "sieben". Schulkinder, besonders solche aus dem Ausland, üben den folgenden Satz bis zum Abwinken: Sju sjösjuka sjömän tvättar sina skitiga skjortor i sjön - sieben seekranke Seeleute waschen ihre schmutzigen Hemden im See. Kinder lernen das schnell, självklart.

Die schwedische Sprache ist vielleicht nicht die Liebe auf den ersten Blick. Aber wer sie in Besitz genommen hat, beginnt sie zu schätzen. Sie ist überraschend weich und melodiös. Ihre Grammatik führt kein kapriziöses Eigenleben mit zahllosen Präpositionen und veränderten Fällen, gebeugten Artikeln und kompliziert zusammengesetzten Hilfsverben. Die schwedische Grammatik hängt sich liebevoll an die Wörter, mäandert ein wenig und kommt dann zum Ergebnis: självbetjäningsbutikernas öppningstiderna - die Öffnungszeiten der Selbstbedienungsläden.

I dag
Själv betjäning
(Selbstbedienung)
* Fisk i kylen
(Fisch im kühlschrank)
* Betala i kassalådan

Der letzte Schnee

Auch der längste Winter geht allmählich zu Ende. Zum letzten Mal gleiten die Langlaufskier durch die stillen Wälder. Der Schnee auf den Pisten wird harsch. Die Eisfischer lassen sich auf ihren Dreibeinhockern von der Frühlingssonne wärmen, und die Eislangläufer pieken mit ihren metallbeschlagenen Stöcken öfter als sonst auf das zugefrorene Wasser um zu hören, ob es noch trägt. Die Kinder in den Dorfschulen lernen schon früh, wie unterschiedlich sich Eis anhören kann.

Es sind unzählige Vogelarten, die nach dem langen Winter im Schilf, in den Birken, Erlen und Eschen, in den Fichten, den alten Ulmen und Eichen ihre Nester bauen und brüten. Viele kommen von ihren weiten Reisen nach Afrika und Asien zurück zu dem Platz, an dem sie geboren sind. Zu ihnen gehören auch die Kraniche. Wenn ihr heiserer Schrei am schwedischen Frühlingshimmel ertönt, sind Wärme und Licht nicht mehr weit. Sie fliegen zu den Inlandseen und begeben sich tanzend auf Partnersuche. Auch auf unseren Wiesen sind sie zu sehen und zu hören. Jeder sucht einen guten Nistplatz. Aber nicht allen ist es recht zu machen. Die einen wollen nasse Wiesen, die andern alte Baumhöhlen, die Stare bevorzugen Obstbäume, Blaumeisen, Finken und Baumpieper mögen dichte Hecken und Unterholz. Der Fischadler nistet auf den Inseln im See. Hoch oben auf den Baumwipfeln baut er seinen sturmsicheren Horst. Die Graureiher brüten ebenfalls auf Inselbäumen, sie nisten dort in großen Gruppen, ganz unter sich. Nur bei der Futtersuche sitzen sie oft stundenlang allein auf den großen Steinen am Wasser. Eine große Rohrweihe gleitet mit dunkelbraunen Schwungfedern über die Wiese, und taucht mit einem dünnen Ast im Schnabel in das Schilf ein. Unweit davon grasen Graugänse.

Erster Ausflug einer kleinen Dohle

Wo immer alte Eichen stehen, nisten sich Dohlen ein. Sie sind nicht zu überhören. Die Sprache der Dohlen ist hochentwickelt, und sie sind offenbar zu der Erkenntnis gekommen, daß ein gutes Gespräch die praktische Arbeit erleichtert. Und so diskutieren sie unentwegt Flugstrecke, Rastplatz, Bauprogramm, Futtersuche, Wohnen. Wer zuerst kommt, mahlt zuerst. Das gilt auch für die Nestbauer. Toplagen sind schnell ausgebucht. Unter die alten Dachziegel passen gerade mal Finken. Außerdem hat man von dort eine schlechte Aussicht. Was diese betrifft, sind allerdings die Schornsteine der alten Häuser nicht zu verachten. Kamine und Küchenherde werden im Sommer kaum beheizt, und wenn schon, ein wenig Wärme nimmt man im schwedischen Sommer gern mit. Was immer auf einem Schornstein geschieht, findet seine akustische Fortsetzung im Innern des Hauses. Und so geschieht es an einem schönen Tag im Mai, daß plötzlich ein scharrendes und fremdes Geräusch das ganze Haus erfüllt. Überall gleichzeitig ist ein verhaltenes Schaben, ein dumpfes Piepen, ein halbherziges Flattern zu hören. Es dauert einige Minuten. Wir stehen still. Irgendwie scheint es von oben zu kommen, doch da ist nichts. Dann wieder völlige Stille, und plötzlich wieder das Piepsen, deutlicher jetzt. Wir laufen durch die Diele ins Esszimmer. Dort im Kamin sitzt eine junge Dohle, sie ist sehr schwarz, auch der hellgraue Nacken ist voller Ruß. Sie sieht uns sichtlich schockiert aus ihren hellen, blanken Augen an. Und noch während wir uns vorstellen, welchen Weg sie durch den Kamin genommen hat, breitet die Dohle ihre Flügel aus und segelt souverän über den Esstisch auf das gegenüberliegende Fensterbrett. Sie wartet, bis wir das Fenster öffnen und fliegt davon, keineswegs hektisch. Sie dürfte einiges zu berichten haben. Doch die Dohlensprache ist nur den Dohlenverhältnissen angepasst, "Kamin" wird da kaum vorkommen.

Frühling mit Lämmern

Die sanften Farben im Frühling: Der zartblaue Himmel spiegelt sich im Tauwasser über den letzten Eisschollen. Am Ufer wiegt sich blassgelbes Schilf im Wind, der unablässig von Westen weht. Nicht mehr schneidend kalt, sondern frühlingswarm. Es ist Anfang April. In den Eispfützen sitzen die ersten Gänse, Graugänse und Kanadagänse, paarweise und eifersüchtig darauf bedacht, daß keine unbefugte Gans zu nahe kommt. Die Saison ist eröffnet. Nach einer kurzen Rast in der Frühlingssonne heben sie ab. Neue Flugrunden über den See, die Inseln, Felder, Wiesen und den Wald rundum, begleitet von heiseren Schreien, Tag und Nacht. Wer den langen Weg vom Süden bis nach Schweden zurückgelegt hat, mit den fliegenden Wechseln vom Ende der Formation zur Spitze und dann wieder nach hinten, wer ständig Kommandorufe oder die Antworten darauf ausrufen muss, der ist heiser. So scheint es uns im Schlaf.

Die Sonne lässt die letzten Schneeflecken in wenigen Tagen verschwinden. Auf den mattfarbenen Wiesen zeigen sich erste grüne Spitzen.

Wenige Tage noch, dann wird der vielbesungene schwedische Frühlingsbote blau aufleuchten: Blåsippa. Und wenig später Vitsippa, die weiße Waldanemone. Sie beide übergießen im Mai die winterbraunen Waldböden mit strahlendem Weiß und Blau, während die Bäume darüber noch kahl sind.

Zeit für die Lämmer, die oft frühmorgens bei Sonnenaufgang das Licht der Welt erblicken. Nach wenigen Wochen geht es in wilden, wenn auch nicht sehr sicheren Bocksprüngen über Stein und Bein. Sie probieren mit ungebremster Lebensfreude und Energie aus, was sie können oder aber gerne können würden. Manchmal verheddern sich die ungeübten Lämmerbeine beim Weidensprint, und man landet unversehens in einem völlig fremden Mutterschaf, das einen unsanft wegkatapultiert. Noch besser, wenn alle mitmachen. Dann geht es im schrägen Lammgalopp übers neue Gras, bis man erschöpft und milchhungrig wieder am warmen Fell der Mutter landet.

Ein solcher Frühlingstag ist es auch, als der Nachbarbauer Stefan mit Traktor und Anhänger vor dem Weidezaun hält, aussteigt, das Gatter öffnet, die Lämmer nacheinander fachkundig inspiziert und die männlichen Tiere auf die Ladefläche hebt. Philipp, sein 7jähriger Freund Flo und Laura schauen uns fragend an. Und manchmal fehlt einem die Sprache, um solch einen kompromisslosen Vorgang in vermittelnde Worte zu fassen. Männliche Schafe müssen nämlich früher oder später die Herde verlassen, um in der weiten Welt ihr Glück zu suchen. Jedenfalls im Märchen.

Wir erklären das Geschehen so ehrlich wie möglich, und die Kinder weinen alle gleichzeitig. Dann beginnen sie zu verhandeln. Die Lämmer blöken ängstlich, die Muttertiere rufen laut, die Stimmung ist aufgeheizt. Eddy und ich schauen uns an: Acht Lämmer sind bereits verladen. Wir entscheiden uns, drei zu behalten, allerdings weibliche. Nicht einfach, diesen Sachverhalt auf Schwedisch darzulegen. Also auf Englisch. Stefan hat verstanden: Wir wollen also drei Lämmer behalten . Und auch er antwortet auf Englisch: "Dead or alive?", fragt er.

Helle Frühlingsnächte und lange Sonnentage öffnen die duftenden Blüten der Schattenmorellen und Süßkirschen, der Viktoriapflaumen, Birnen und Äpfel. Der gut gewählte Standort der Bäume ist die halbe Ernte, denn bis in den Juni bedrohen Nachtfröste die Blütenpracht.

Warme Tage gibt es schon im April. Windgeschützt im sonnigen Winkel die ersten Versuche mit den Gartenmöbeln: Die Saison ist eröffnet.

Die ersten Sonnenstrahlen

"Fika" heißen die schwedischen Kaffeepausen, die im blühenden Garten bei Sonnenwetter zum vollendeten Genuss werden. Fikazeit ist von morgens 9 bis Sonnenuntergang, und die "vetebollar" - die Hefeschnecken mit Zimt und Kardamom - dürfen nicht fehlen.

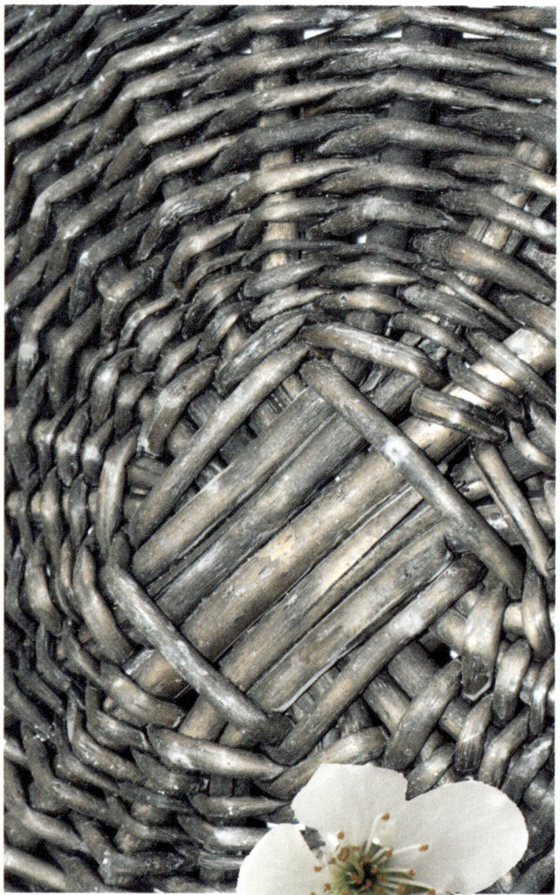

Polly ist ein gutes Schaf,

ein gestandenes Mutterschaf, schon seit drei Jahren bringt sie jedes Frühjahr mindestens zwei Lämmer zur Welt. Gestern abend, beim Rundgang über die Weide, habe ich sie gesehen. Sie hatte sich von den anderen Schafen zurückgezogen und lag unterhalb der Scheune neben einem grossen Stein, wenige Meter vom Seeufer. Auch heute morgen lag sie noch da, allein, ohne Lamm. Die Geburt setzt oft früh morgens ein, und dann hätte ich Polly mit dem Nachwuchs in die Scheune zur Lammbox bringen können, eine Art Einzelzimmer im Schafstall. Dort lernen Mutter und Kinder, wo und wie man ungestört trinken kann.

Meine Kinder warteten in der Schule auf ihren Deutschunterricht, ich musste fort. Zum Schulunterricht war ich genauso gekommen wie zu den Schafen: Unversehens. Die Schule im nächsten Dorf brauchte jemanden für den Deutschunterricht und rief an. Meine Nachbarin Birgitta hatte mich empfohlen, sie ist Lehrerin. Ich nicht. "Das spielt keine Rolle", sagte die Rektorin. "Ich kann aber nur sehr wenig Schwedisch sprechen", wehrte ich mich. "Die Kinder sollen nicht Schwedisch lernen, sondern Deutsch", kam die Antwort. Und am folgenden Montag fing ich an.

Viermal in der Woche: Die 12- bis 16Jährigen der umliegenden Dörfer und ich. Sie konnten kein Deutsch, ich kein Schwedisch. Im Notfall sprachen wir Englisch, denn das lernt man schon im Kindergarten und beim nicht synchronisierten Fernsehen. Sie alle fürchteten die deutsche Grammatik zutiefst. Auch ich lernte diese Furcht kennen, als ich mich vorbereitete: Der Vogel sitzt auf dem Dach, aber der Vogel fliegt über das Dach. Ich habe gegessen, aber ich bin geschwommen. Natürlich gibt es für alles eine Regel, sonst wäre es ja kein Deutsch. Aber es ist ein hartes Brot. Noch nie hatte ich darüber nachgedacht. Nun war die Zeit reif.

Schon von weitem höre ich Polly rufen, als ich nach der Schule auf den Hof komme. Sie ist vom See heraufgeklettert, zwei Lämmer, schwarz und weiss, stehen auf unsicheren Beinen neben ihr und sehen sehr neugeboren aus. Lola, ein andres Mutterschaf und Boss der Herde, neigt ihr dunkles Gesicht zu Polly und reibt ihr die graue Schafsnase. Sie tröstet Polly, die Hilfe braucht. Die Geburt des dritten Lämmchens ist zum Stillstand gekommen. Vielleicht eine ungewöhnliche Lage, vielleicht ist es aber auch zu groß, um es ohne Zughilfe zur Welt zu bringen. Vorsichtig ziehe ich mal an dem einen, mal an dem anderen Bein. Nein, es ist nicht nur der Deutschunterricht. Es gibt auch andere Dinge, die man noch nie zuvor im Leben gemacht hat: Geburtshilfe bei einem Mutterschaf zum Beispiel. Ich habe Gunell, unsrer Nachbarbäuerin, schon einige Male zugesehen und weiss, dass man nicht an beiden Beinen gleichzeitig ziehen darf. Dann ist das neue Lämmchen da. Schwarz liegt es in meinen Händen. Ich trage es in die Scheune, Polly läuft hinter mir her. Die beiden Geschwister wackeln unsicher mit. In der Box gibt es frisches Wasser und Heu für die Mutter. Polly sieht mich an. Oder etwa nicht? Schafpupillen sind rechteckig. Ich weiss nicht immer, wohin ihr Blick streift. Richtet sie nun ihre Augen auf das Lamm oder den Wassereimer?

Endlich Frühling

KERSTINS RABARBERPAJ

Größe der Form: 18 - 20 cm

ZUTATEN für den Teig: 220 g Weizenmehl, 120 g Butter, 4 Esslöffel Zucker, 3 Esslöffel eiskaltes Wasser

Aus Mehl, weicher Butter, Zucker und eiskaltem Wasser erst mit dem Messer, dann rasch mit den Händen einen Teig formen und im Kühlschrank ca. 30 Minuten in Klarsichtfolie verpackt ruhen lassen. Zwischen Klarsichtfolie dünn ausrollen, damit er nicht klebt, und in einer gebutterten oder geölten runden Form auslegen. Mit der Gabel den Teig mehrfach einstechen .Im vorgeheizten Ofen im unteren Herdteil bei 200 Grad ca.15 Minuten backen. Währenddessen die Füllung vorbereiten:

ZUTATEN für die Füllung: 50 g Butter, 2 Eier, 100 g Zucker, 1 Esslöffel Weizenmehl, 3 Esslöffel gemahlene Mandeln, ca. 300 g Rhabarber, 1½ Minuten dünsten.
150-200 g Mandelblätter.

Die Butter in einem kleinen Topf schmelzen. Eier und Zucker mit dem Handrührgerät schaumig schlagen, Mehl, geriebene Mandeln und die abgekühlte Butter zufügen.

Die Rhabarberstücke mit der Hand unterrühren. Die Masse auf den vorgebackenen Boden streichen und mit den gehobelten Mandelblättern garnieren.

Bei 180 Grad ca. 20 Minuten im Ofen backen. Mit Vanillesosse oder Vanilleeis servieren.

...am Wegesrand

Das schwarze Schaf

Paulchen ist ein schwarzes Schaf. Doch bevor er zum schwarzen Schaf wurde, war er ein schwarzes Lamm. Seine Mutter Olivia weigerte sich, ihn zu ernähren. Sie litt unter einer Euterentzündung, die behandelt werden musste. Das konnte einige Zeit dauern. Doch Paulchen brauchte die sogenannte "Biestmilch". Sie enthält Kolostrum, das sind nicht nur Nährstoffe, sondern vor allem schützende Substanzen, die nur in den ersten Lebensstunden ungehindert durch die Darmwand in den Blutkreislauf aufgenommen werden können. Gunell vom Nachbarhof Odensviholm bewahrt diese Milch abgemolken in der Tiefkühltruhe auf und zeigte mir, wie man sie verwendet. So wurde Paulchen ein Flaschenkind und gedieh gut. Mittlerweile war es Routine geworden, das Geschlecht der neugeborenen Lämmer zu bestimmen, und Paulchen war ein echter Paul. Die neugeborenen Lämmer werden mit ihren Müttern in die Lammbox gebracht, eine Art Einzelzimmer im Schafstall. Hier wird das Euter kurz angemolken, um zu sehen, ob die Muttermilch fließen kann oder ob ein Verschluss vorliegt. Vor allem erstgebärende Muttertiere sind oft empfindlich. Um Mutter und Kind aneinander zu gewöhnen, wird das Lamm am Euter angelegt. Sind die Lammboxen alle belegt, geschieht dies im offenen Teil des Stalles.

Die meisten Schafe sind an diesem Aprilnachmittag draussen auf der Weide. Nur gelegentlich steckt ein Muttertier den Kopf durch das Stalltor und schaut neugierig zu dem Mutterschaf, das unruhig blökt, während das neugeborene Lamm den Weg zum Euter sucht. Ich beuge mich hinunter, um das Lämmchen zu führen, doch da rammt mich etwas mit voller Wucht am Oberschenkel. Ich falle ins Stroh. Paulchen, der dunkel am Türrahmen gewartet hatte, steht nun vor mir, und schaut mich verärgert aus seinen gelben Pupillen an. Was geht in diesem Schafskopf vor?

Das neugeborene Lamm braucht Milch. Ich knie mich auf das Stroh. Paulchen nimmt erneut Anlauf. Ihm ist die Flaschennahrung der letzten Wochen offensichtlich gut bekommen, denn wieder komme ich ins Wanken. Doch diesmal packe ich ihn am Hinterlauf, ziehe ihn zum Stalltor, und schließe das Gatter hinter ihm. Er schaut mich zornig an. Was ging in ihm vor? Er wollte mich ganz offensichtlich vertreiben, seine vermeintliche Herde vor Eindringlingen schützen. Ein echter Paul eben. Zwei Jahre zuvor führte uns ein Ruderausflug zur Insel

Svanholmen im Kyrksjö. Wir hatten drei Kinder im Boot. Sie wollten das unbekannte Terrain erkunden, die Lust auf das Abenteuer war ihnen anzusehen. Wir fanden eine Stelle am Ufer, wo das Boot windgeschützt liegen konnte, und machten fest.

Das Schilf reichte Philipp, Laura und Flo bis zur Schulter, sie kämpften sich durch Buschwerk und Schwarzerlen. Farne wuchsen am Waldboden, an einigen Stellen drang das Sonnenlicht durch die Zweige. Es knackte im Unterholz dort vor uns, die Kinder waren nur wenige Meter entfernt. Sahen wir wirklich alle dasselbe? Auf dem Hügel vor uns stand ein ausgewachsener Schafbock, der ärgerlich mit den Vorderläufen auf den Waldboden stampfte. In Windeseile drehten wir uns um, ließen Wacholder und Schilf hinter uns und sprangen ins Boot. In sicherer Entfernung schauten wir uns vom Wasser die drei Schafböcke an, die dort standen: Gesenkte Hörner und stampfende Hufe. Wir ruderten zurück. Das Abenteuer war gelungen. Svanholmen gehört zum Hof Odensviholm. Auch dort gab es einen Schafstall, um einiges grösser als unserer. Schafböcke sind ihrem Nachwuchs nicht immer wohlgesonnen, sie empfinden die Lämmer oft als Konkurrenz. Um familiäre Auseinandersetzungen zu vermeiden, werden sie nach getaner Arbeit auf die Insel gebracht. Zwischen Büschen, Bäumen und Gras leisten sie sich Gesellschaft in der Männerrunde, und warten auf ihren erneuten Einsatz im Herbst oder Winter. Schließlich sind sie Nutztiere. Auch Paulchen ist ein Nutztier, wenn auch ein schwarzes. Die Bezeichnung "schwarzes Schaf" kommt nicht von ungefähr. Schwarze Schafe sind nicht nur angriffslustiger als andere. Sie sind auch diejenigen, die als erste die Lücke im Weidezaun finden, oder aber für diese sorgen. Und wenn sie draußen sind, folgt die weisse Herde nach. Sie werden auch für intelligenter gehalten als ihre hellen Artgenossen, und wer Paulchen ansieht, glaubt es. Jedenfalls sorgen schwarze Schafe in der Herde immer für Ärger, oder etwa nicht? Und so wird Paulchen demnächst ein Fall für die Insel. Doch wir sehen uns wieder, spätestens im November.

SCHWEDEN

ROT

LUCIABODEN

Falunrot – die Glut aus der Tiefe

Soviel Glühen, soviel sich verzehrendes Licht und leuchtender Glanz in tiefem Vulkanrot, das ist "falu rödfärg" – Falunrot – zur besten Stunde des Tages bei Sonnenuntergang. Ein Kontrapunkt zum blaugrauen Wasser, zum Zartgrün der Hügel und Wiesen, zum kühlen Norden. Es ist, als entzündeten sich die gemalten Fassaden der Holzhäuser, Magazine und Scheunen mit ihren weißen Kanten, als glitten die goldenen Strahlen der Sonne in das rotgestrichene Holz hinein, um dort jede einzelne Faser zum Leuchten zu bringen. Wäre da nicht die Gewissheit, dass es sich um den täglichen Sonnenuntergang handelt, der die Pigmente aus Eisenoxyd und die darin enthaltenen Spuren von Blei, Zink, Kupfer und Aluminium auf dem roten Holz entflammt, man würde denken, ein Feuer sei ausgebrochen, und die rote Glut habe bereits die Wimpern gestreift. An hellen Sommertagen verlängert das rote Leuchten der Holzfassaden die Illusion der abendlichen Sommerwärme. Bei Schnee und Eis entzündet der Feuerball der tiefstehenden Sonne den Widerschein auf dem Holz oft so heftig, dass die Ursachen des Lichts nicht immer gleich auszumachen sind, und man erschrickt. Dabei ist "falu rödfärg" kein Teufelselixier, sondern eine Dispersionsfarbe für den Aussenbereich, deren Siegeszug mittlerweile bis zu einem großen schwedischen Einrichtungshaus geführt hat. Schon seit vierhundert Jahren streichen die Schweden die Holzfassaden ihrer Häuser damit an. Anfangs waren sie vom Wunsch beseelt, dass ihre kargen Hütten doch ein wenig den roten Backsteinfassaden der reichen holländischen Kaufleute ähneln mögen. Es wird nicht berichtet, ob es da tatsächlich einmal zu Verwechslungen gekommen ist.

Carl Larsson (1853 - 1919), der Maler der schwedischen Idylle, machte die Farbe gesellschaftsfähig. Während Karin, die Ehefrau des Künstlers, webte und schneiderte, malte und gestaltete Carl die Türen, Fenster, Möbel und Wände des Sommerhauses "Lilla Hyttnäs" in Sundborn bei Falun, das während der Sommermonate besichtigt werden kann.

Der harmonische, farbenfrohe und schlichte Stil Carl Larssons erfreute sich grosser Beliebtheit. Die rote Farbe aus dem benachbarten Bergwerk ist seitdem für viele Schweden gleichbedeutend mit der Heimat. Aus dem Abfallprodukt der Kupfermine in Falun, mit dem sich Holz gut und billig streichen ließ, wurde so eine hochgeschätzte Nationalfarbe. Schon vor 1000 Jahren hat man in Falun im schwedischen Herzland Dalarna Kupfer gefunden. Im 17. Jahrhundert zählte es mit seinem Bergwerk zur zweitgrößten Stadt Schwedens. Noch heute werden Führungen im vierhundert Jahre alten und fünfundfünfzig Meter tiefen Creutz-Schacht angeboten. Wer will, kann sich den Staub für seine persönliche Farbmischung dort in der Tiefe eintüten lassen und später anrühren.

Auch E.T.A. Hoffmann, Dichter der deutschen Romantik, hat sich im 19. Jahrhundert zumindest literarisch in das Bergwerk von Falun vertieft, und ließ dort den unglücklichen Bergmann Elis auf der Suche nach dem Stein Almadin auf einen unguten Geist stoßen. Verschüttet und in Vitriolsäure konserviert, erkannte ihn seine frühere Braut Ulla

noch nach fünfzig Jahren erschüttert wieder. Die konservierende Wirkung des Eisenvitriols ist bis heute ein qualitatives Argument, zumindest für Holz. Der Kupferabbau in Falun wurde 1992 stillgelegt. Doch die Abraumhalden sind noch lange nicht geleert. Hauptbestandteil für die Farbherstellung ist verwittertes Kupfererz, dessen Pigmente in einer wässrigen Lösung weiterverarbeitet werden. Die "falu rödfärg" besticht nicht nur durch ihren magischen Glanz. Die Farbe umschließt das Holz, aber die Fasern bleiben sichtbar. Das natürliche Material kann atmen, und das rotgestrichene Holz sieht lebendig aus. Wohl deshalb auch wartet es täglich darauf, sich am Abend mit den leuchtenden Sonnenstrahlen zum Vulkanrot zu vereinigen.

Mittsommer

Die Straßen in Kiruna sind leer. Es ist Mitternacht. Die strahlende Sonne spiegelt sich in den Fensterscheiben gegenüber. Sie steht tief, aber das Licht dringt durch alle Ritzen. In wenigen Tagen ist Mittsommer. Wir sind müde. Kiruna ist die nördlichste Stadt Schwedens. Die Zugfahrt in der taghellen Nacht von Stockholm nach Narvik in Norwegen führte uns durch endlose Wälder, Moorlandschaften, vorbei am nördlichen Polarkreis, entlang an den Wasserläufen und Bergketten des Fjäll, dem mächtigen Gebirge im schwedischen Norden. Die Sonne taucht alles in gleißendes Licht, die ganze Nacht hindurch. Sie dringt durch die Spalten des Fensterrollos, wir schließen die Augen und wachen nach zwei Stunden wieder auf: Hellwach, obwohl der Körper müde ist. Es geht uns genauso wie den Wasservögeln am Kyrksjö, 1500 Kilometer weiter südlich. Sie werden nicht müde, und fangen nachts um 3 Uhr bei Sonnenaufgang an zu schnattern. Das Licht lässt das Leben unaufhörlich pulsieren und nicht zur Ruhe kommen. Weder bei den Tieren, noch bei den Menschen, noch bei den Pflanzen. Im Licht der Sommernächte reifen die Beeren.

Wenn nach den viel zu kurzen Sommermonaten die Zugvögel im Oktober nach Süden ziehen, wenn es still wird am Wasser und in den Wäldern, wenn die Schwalben Ende August nicht mehr ihre spitzen Schreie ausstoßen, legt sich eine leise Melancholie über das Land. Die Dunkelheit wird wiederkommen. Zwar füllt sie im südlichen Schweden nicht den ganzen Tag, keiner muss mit der Grubenlampe an der Stirn nach draussen gehen, wie es im Norden gang und gäbe ist. Doch das Leben im "glesbygden" wird stiller, es wird kälter, das Licht verschwindet, auch wenn der Gedanke daran immer wach bleibt.

Voller Hingabe wird am 13. Dezember das Luciafest begangen: Der Name erinnert an das Licht: ljus, lux, und es spiegelt sich in den brennenden Kerzenkronen der Luciasängerinnen.

Mittsommer

Der Rhythmus zwischen der langen Dunkelheit im Winter und dem endlosen Licht im Sommer, zwischen kalter Stille und hektischer Lebendigkeit prägt die Natur und ihre Lebewesen. Er prägt auch das Temperament vieler Schweden, das zwischen zwei Polen pendelt: Still und scheu, doch auch voll unbändiger Lebensfreude – wenn die Umstände dies zulassen. An Mittsommer sind alle Bedingungen hierfür erfüllt: Der längste Sommertag und die kürzeste Nacht sind ein Fest wert, und gefeiert wird am Wochenende, das der Sommersonnenwende am 21. Juni folgt. "Stångan kläddes": Jeder wird aufgefordert, am Tag vor dem "midsommarafton" zum Festplatz am See zu kommen, um die Mittsommerstange ordentlich einzukleiden. Schere, Draht und Blumen – und natürlich der "kaffekorg" – sind dabei. Mit dem Traktor schaffen die Männer nicht nur die Stange, sondern auch das frische Eichengrün herbei, welches die Frauen mit geschickten Händen um die Stange binden. Andere binden zwei große Blumenkränze, die später rechts und links vom Stangenkreuz befestigt werden. Als ich das erstemal mit meiner Blumenschere auf der Festwiese erscheine, tauscht Karin diese gegen eine Gartenschere aus, und zeigt mir, wie ich das Eichenlaub mit dem Draht an die Stange binde. Ich verstehe nicht viel, ich schaue zu und binde mit. Es ist wie im Spiel: Können die Männer so schnell die grünen Zweige anliefern, wie wir sie festbinden? Sie können. Solange, bis die Blumenkränze auf dem großen Tisch zur Seite geschoben und der "kaffekorg" ausgepackt wird. Um die Mittsommerstange dreht sich am folgenden "midsommarafton" buchstäblich alles , und in Odensvi sind es die Kinder, die den Tanz eröffnen, begleitet von der Musik des "dragspel", des Akkordeons und der Geige: Die Kleinsten auf dem Arm der Mutter oder des Vaters, Blumenkränze im Haar, und alle die andern in ihren Sommerkleidern oder Trachten, die Jugendlichen, die vor Jahren schon fortgegangen sind in die Städte, um da ihre Ausbildung zu beginnen oder zu arbeiten. Sie kehren an Mittsommer heim zu den Eltern und Großeltern, denn es ist ein Fest der Familie, bei dem Gäste immer willkommen sind. Nach dem Tanz wird zu Hause, bei Verwandten oder Freunden gefeiert. Das "midsommarbord" steht diesmal unter den Apfelbäumen im Obstgarten. Der große, prächtige Strauß aus wilden Sommerblumen bildet den Mittelpunkt der langen, weiß gedeckten Tafel. Der hausgemachte eingelegte Sill in den blauweißen Keramikschalen duftet nach Kräuterpfeffer, Lorbeer und Dill. Mindestens 24 Stunden liegt der Hering in einer Marinade aus Essig, Zucker, roter Zwiebel, Kräuterpfeffer und Wasser, wo er – frisch gefangen und zart – sein würziges Aroma entwickelt. Ergänzt wird der traditionelle Sill oft von "mammas köttbollar": Runden Hackbällchen, die in fast jeder Familie nach einem eigenen Rezept hergestellt und mit Kartoffeln und Lingonsylt, würzigem Preiselbeerkompott, verzehrt werden. Beim Zubereiten dieses schwedischen Lieblingsessens fällt mir jedesmal Michels Mutter aus Lönneberga ein: Sie erwartet an Mittsommer zahlreiche Verwandte, die sie bewirten möchte. Da die Smäländer nicht nur traditionell gern köttbollar essen, sondern auch traditionell sparsam sind, rollt sie die köstlichen Klößchen ein wenig kleiner als üblich. Doch Michels Vater greift ein und erklärt, dass an Mittsommer die "köttbollar" "lagom" zu sein hätten, so würden sie gerollt, nicht größer und nicht kleiner, eben "lagom". Dieses kleine Wort sucht man vergeblich in anderen europäischen Sprachen, und es trifft einen Bewußtseinszustand, den die Schweden über alles schätzen: die Harmonie. Auch zum Ausklang wird ein schwedischer Klassiker geboten, der smäländische "ostkaka"- der Käsekuchen, der keineswegs mit dem deutschen Backwerk zu verwechseln ist. Aus Milch, Mehl und Käselöpe wird Molke hergestellt und abgegossen. Mit Mandeln, Bittermandeln, Eiern und Sahne zum Kuchen gebacken.

Am besten schmeckt er am Tage nach der Zubereitung, angewärmt wird er mit Beerensoße und halbfester Schlagsahne gegessen. Um Mitternacht verlassen uns die letzten Gäste, bald schlafen auch die Kinder. Der See liegt im hellen Dämmerlicht. Ein schönes Fest und ein wunderbarer, langer Sommertag liegen hinter uns. Wir sind müde, so wie man an Mittsommer müde sein kann: Etwas erschöpft, aber nicht bereit, die Augen zu schließen. Wir gehen hinunter zum See und klettern ins Ruderboot. Nach einigen langen Schlägen lassen wir uns treiben. Haubentaucher bewegen sich lautlos und verschwinden unter der Wasseroberfläche. Das Haus am Ufer ist nicht mehr zu sehen, die Inseln weit draußen zeichnen sich dunkel gegen den hellen Himmel ab. Es ist still. Doch jetzt hören wir es: Irgendwo spielt jemand Klarinette. Das Wasser trägt die Melodie zu uns herüber. Wir hören zu und rudern langsam zurück, die Musik wird leiser. Jetzt ist es Zeit zu schlafen.

VICHYVATTEN
SOCKER DRICKA
VICHYVATTEN

Lachsseite mit Kräuterkruste

für 4 Portionen

400 g frisches Lachsfilet
2 Scheiben Toastbrot (getoastet)
2 gepresste Knoblauchzehen
40 g gehackter frischer Rosmarin
50 g gehacktes frisches Basilikum
1 abgeriebene Zitronenschale
2-3 Esslöffel Olivenöl
2 Teelöffel Salz
Zitronensaft von einer Zitrone

Lachs kurz in heisser Pfanne anbraten, so daß er Farbe annimmt, aber innen noch roh ist, ca 1 Minute pro Seite.

Den angebratenen Fisch mit der Hautseite nach unten in eine ofenfeste Form legen. Brotkrümel mit Knoblauch, Kräutern, Zitronenschale, Zitronensaft und Olivenöl mischen und über den Fisch verteilen. Im Ofen bei 175 Grad ca. 25 Minuten überbacken.

Danach ca. 7 Minuten mit Umluft im Ofen lassen, damit die Kruste knusprig wird.

Surströmming

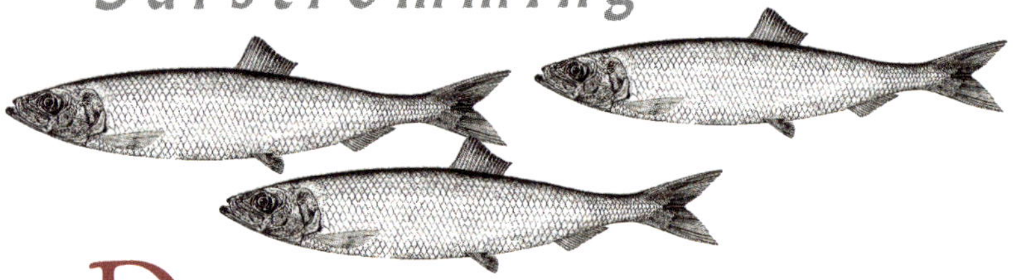

Der schwedische "surströmming" ist kein Lebensmittel, er ist ein Überlebensmittel. Und als solches hat er seine unbestrittenen Verdienste. Ruben Madsen, der Vorsitzende der Schwedischen Surströmmingsakademie, wird nicht müde, das zu betonen: Der "surströmming" sei nicht nur ein Nahrungsmittel, er sei ein Teil der schwedischen Kultur. Und nützlich und preisgünstig sei er obendrein. Nur selten kann heute so viel Gutes über ein Lebensmittel gesagt werden. Und schon gar nicht über einen alten, wenn auch ökologisch einwandfrei verrotteten Hering. Und so geschah es an einem schönen Sommertag, dass unsere Freunde Irene und Lars-Gunnar an uns herantraten und fragten, ob wir bereit seien, die schwedische Kultur bis in die Tiefe der Surströmmingskonserve auszuloten. Wir erschraken. Doch Lars-Gunnar erklärte, das Öffnen der Dose - der brisanteste Akt der Mahlzeit - , werde im Freien vorgenommen. Wir trafen an einem sonnigen Spätnachmittag auf Bockrödsle ein. Der grosse Garten mit den alten Obstbäumen ist rundum mit weißen Holzlatten umgeben, ein Versuch, sich gegen Wildschäden zu schützen, denn der alte Hof mit seinem weiß-gelben Hauptgebäude liegt weitab zwischen Wiesen und Wäldern. Lars-Gunnar ist nicht nur Holz- und Landwirt sowie Rektor des landwirtschaftlichen Gymnasiums in Gamleby, er ist auch ein begnadeter Jäger. Die erste Konservendose mit dem leicht nach oben gewölbten Blechdeckel hatte er bereits aufs Korn genommen. Er bat uns, gern ein paar Schritte entfernt stehenzubleiben. Das hielten wir denn doch für ein wenig übertrieben, und blickten ihm neugierig über die Schulter. Wir hatten schon viel vom "surströmming" gehört: Dass er an der Küste des schwedischen Norrlands hergestellt wird, dass er nach dem Fang leicht gesalzen in seiner Dose vor sich hin gärt, und ab dem dritten Donnerstag im August verkauft werden darf. Es handelt sich um eine uralte, im Norden übliche Methode, Fisch haltbar zu machen. Jäger und Fischer führten seit Jahrhunderten den "surströmming" als Proviant mit sich, die Familien in Norrbotten lebten davon. Heute gibt es nur noch vier große Salzereien im nördlichen Uppland bis hinauf nach Kalix. Die Herstellung unterliegt strengen Kontrollen der Lebensmittelbehörde. In der Salzerei in Tynderö werden jährlich 350 000 Konserven gefertigt.

"Se upp!" rief Lars-Gunnar. Doch es war zu spät. Die Duftwolke hatte uns erreicht. An Flucht war nicht mehr zu denken. Das Bewußtsein trübte sich kurz ein, alle Sinne wehrten sich dagegen, den Geruch wahrzunehmen, der dieser harmlos aussehenden gelb-roten Blechdose entströmte. Der Hund saß starr auf dem Rasen. Seine um ein Vielfaches empfindsameren Geruchsnerven krümmten sich vermutlich. Wir konnten nicht glauben, dass wir verspeisen sollten, was wir da rochen. Irene und Lars-Gunnar führten uns verständnisvoll an den mit Wiesenblumen geschmückten Tisch, wo die traditionellen Zugaben standen. Der "surströmming" sah zwischen den rötlichen Mandelkartoffeln, den kleinen Schalen mit roten, gehackten Zwiebeln, den eingelegten Gurken, dem "gräddfil", dem Sauerrahm, und dem aufgerollten tunnbröd, einem weichen Knäckebrot aus dem Norden Schwedens, wie ein unschuldiges Heringsfilet aus. Und er ist prinzipiell essbar. Er schmeckt wie ein Hering. Wie ein Hering, der schon sehr lange darauf gewartet hat, endlich verzehrt zu werden.

Man kann zutiefst verstehen, dass dieses Kulturgut - der "surströmming" - die schwedische Nation in zwei Hälften teilt. Es gibt Schweden, welche "surströmming" essen, und die, die ihn nicht essen. Obwohl Ruben Madsen von der Surströmmingsakademie viel tut, um die Kluft zu schliessen. Der Graben verläuft zwischen den Generationen. Ruben Madsen ist optimistisch. Er meint, auch die junge schwedische Generation schätze traditionelle Gerichte. Wer überall auf dem Erdball reise und esse, brauche auch vor dem surströmming nicht zurückzuschrecken. Er solle sich vielmehr mal Gedanken machen, wie man ihm zusätzlichen Pep verleihen könne: "surströmming" mit Apfelkompott. Warum nicht?

Im Nachbarland Norwegen pflegt man dieselbe Tradition , und konserviert den "öring", eine Lachsforelle, durch Gären in der Dose. Auf Island spart man sich das Dosenblech und vergräbt Haifleisch in der Erde, um es später, viel später, wieder auszubuddeln und zu verzehren. Der Geruch soll mörderisch sein. Da lobe ich mir den "surströmming" in der Dose. Die rot-gelbe Konserve sieht hübsch aus. Und solange sie geschlossen bleibt, ist eigentlich nichts dagegen einzuwenden.

VK 85
VK 85

Flaggdag: ein ganz besonderer Tag

Die Einschulung unserer Kinder fand im August auf dem Schulhof in Odensvi statt. Das Wetter war sommerlich warm. Schon von Deutschland aus hatten wir Kontakt mit den künftigen Lehrkräften aufgenommen, und wussten einiges über das schwedische Schulsystem. In Philipps 3. Klasse würden acht Kinder sein, in Lauras 5. Klasse zehn. Hanna, Birgitta und Sandra hiessen die drei Lehrerinnen, die in allen sechs Grundschulklassen unterrichten würden. Fachlehrer für Musik oder Werken kamen zum Unterricht von Västervik in die Schule. Der Rektor hiess Johnny. Im Anschluss an die Grundschule - das "lågstadiet", die Unterstufe - würden die Kinder drei weitere Jahre das "högstadiet" - die Oberstufe der Grundschule im nahen Gamleby besuchen. Danach stand das Gymnasium in der Kreisstadt Västervik offen, falls wir uns nicht für ein anderes entscheiden würden.

Im Schulgarten standen lange Holztische und Holzbänke, denn auch dieser Anlass verlangt nach dem "kaffekorg" im Anschluss an die Zeremonie. Johnny begrüsste uns. Mit Kindern, Eltern, Kleinkindern und Großeltern bildeten wir einen Halbkreis, über uns wehte die große schwedische Flagge am Sommerhimmel, das gelbe Kreuz auf dem blauen Grund. Was hier vor sich geht, das fühlte ich mit einem Mal, ist viel mehr als nur eine Einschulung . Es geht weit darüber hinaus. Ein kurzer Augenblick der Panik erfüllte mich: Hatten wir das Richtige getan? Was machten wir als deutsche Großstadtbewohner in diesem grünen, scheinbar so verträumten Land im Norden mit unseren Kindern? Und was machte dieses Land mit uns? Philipp und Laura würden in Schweden aufwachsen, das wir gern mochten. Sehr viel wußten wir nicht über das Innenleben unserer neuen Umgebung. Laura und Philipp würden eine fremde Sprache sprechen und schreiben, vielleicht würde ich sie eines Tages nicht mehr verstehen? Natürlich hatten wir unzählige Male zuvor genau darüber gesprochen, auch mit den Kindern. Sie hatten unseren Schritt gebilligt, und wir wollten ihn alle gemeinsam gehen. Ein Jahr hatten wir uns Zeit gegeben. Sollte sich herausstellen, daß uns der Wechsel nicht gelingt, würden wir nach Deutschland zurückkehren. Dennoch verspürte ich plötzlich Angst. Ich verstand kein Wort von dem, was Johnny zu uns allen sagte. Philipp und Laura schauten sich neugierig unter den Kindern um. "Kaffekorg", das konnte ich mir zusammenreimen. Sonst nichts.

Auch das Stehen unter der Nationalflagge fühlte sich sehr fremd und eigentümlich an. Und dann begannen alle Menschen um uns herum zu singen. Sie schauten in den Sommerhimmel, auf den Fussballrasen, in die Eschenwipfel und den Schulgarten. Sie sahen sich freundlich an und sangen die schwedische Nationalhymne: "Du gamla, du fria, du fjällhöga nord, du tysta, du glädjerika sköna, jag hälsar dig vänaste land uppåt jord, din sol, din himmel, dina ängder gröna." Es schien, als könnten sie diese Weise über den alten, freien Norden mit seinen hohen Bergen und grünen Wiesen, mit seiner stillen Schönheit unter dem weiten Himmel ganz ohne Pathos singen, ganz leicht, wie eine Begrüssung, ein sich Versichern, dass man zu Hause ist. War es das, was ich empfand? Würden unsere Kinder eines Tages hier zu Hause sein? Warum hatte ich dieses Empfinden noch nie bei der deutschen Nationalhymne? Ich wußte nicht einmal, ob ich sie jemals in einer so friedlichen und lockeren Umgebung gesungen hatte. Vielleicht hängt das alles miteinander zusammen? Schluss, sagte ich mir. Jetzt ist Zeit für den "kaffekorg". Der "kaffekorg" ist für alle Treffen obligatorisch, die den Teilnehmer länger als zwei, drei Stunden von seinem Zuhause und damit von der Küche fernhalten. Keine Sportveranstaltung, kein Elternabend, keine Chorprobe, keine Auktion, kein Ausflug, kein Sprachkurs ohne die Thermosflasche mit Kaffee und das belegte Brot oder ein Stück Kuchen. Es lohnt sich ganz einfach nicht, Kaffees oder Bistros auf dem dünn besiedelten Land zu betreiben, der Umsatz wäre zu gering. Der "kaffekorg" verhindert zuverlässig, dass die Landbevölkerung in den Nahrungsmangelzustand verfällt. Nicht nur bei der Einschulung, sondern auch bei der Schulabschlußfeier, deren Auftakt ein Gottesdienst in der Kirche ist.

Schon um 8 Uhr morgens läuten die Glocken. Kinder mit Blumenkränzen im Haar ziehen in Zweierreihen von der Schule zur Kirche. Allen voran geht ein Schüler der Abschlussklasse, der die schwedische Flagge in den Händen trägt. Während der Abschlussfeier wird sie abwechselnd von den Schülern der 6. Klasse gehalten. Immer wieder wird darüber debattiert, ob man die Abschlußfeiern nicht in die Schule verlegen sollte, doch die Mehrheit stimmte bisher für die Kirche. Sicher nicht nur aus religiösen Gründen. Die feierliche und fröhliche Stimmung aller Beteiligten, der Beginn der langen Sommerferien, die Musik zu den Sommerliedern, das in der Sonne glänzende Messing der grossen Leuchter und Wandkerzen über den weißen Holzbänken will kaum jemand missen. Dem 13jährigen Daniel rinnen Freudentränen über die Wangen, als er mit der Fahne neben dem Altar steht. Erst auf dem Weg zum Kaffeetrinken im Schulgarten hören wir, dass es sich hier um einen akuten Fall von Heuschnupfen handelt. Doch wer die Flagge hütet, kann sich nicht die Augen trocknen oder gar die Nase putzen. Doch irgendwann muss über die Blumenkränze diskutiert werden, die den Tränenausbruch hervorgerufen haben.

Als wir in unser Haus einzogen, stand im Garten eine weißlackierte Metallhalterung. Die Fahnenstange fehlte. Es hat genau drei Jahre gebraucht, bis wir einen Fahnenmast anbrachten. Nun ziehen auch wir den blaugelben Wimpel für den Alltagsgebrauch nach oben, und wir benutzen auch die große Flagge mit dem gelben Andreaskreuz. Es gibt festgelegte "flaggdagar". Da entscheidet man, ob man die Fahne nach oben zieht. Es gibt aber auch die Feste in der Familie, die Feiertage und die Geburtstage. Tage, an denen man nach eigenem Entschluss flaggen kann. Tage, an denen man sich gerne zu Hause fühlt, hier in Schweden.

Lunchrast

Glitzerndes Wasser, grünes Schilf, einsame Sandbuchten und warme Felsen sind wie geschaffen für eine Sommerrast am See, für ein Picknick im Freien, denn nirgends schmeckt es besser. Nach vollendeter Mahlzeit verliert sich der Blick im trägen, weiten Sommerhimmel, die Wellen schlagen leise an Land, die Augen fallen zu: Das ist der Ausblick für ein schwedisches "tupplur", ein kurzes Nickerchen.

Der Hütehund

Dicht gedrängt stehen die Schafe in der Scheune und mahlen das Heu mit ihren Kiefern. Zwanzig Tiere schieben und drängeln sich an den Futterraufen, die Eddy rechtwinklig zur Scheunenwand gebaut hat. Der Boden des Stalls ist mit Stroh bedeckt, eine Öffnung in der Wand führt hinaus auf die Weide. Immer wieder wird ein Schaf von einem anderen aus der dichten Reihe herausgedrängt, und bleibt kurze Zeit hinter den anderen stehen. Dann senkt es die Stirn, und rammt sich mit der ganzen Energie seines Schafkopfs an einer anderen Stelle wieder in die Reihe und frisst weiter. Um ein vollwertiges Mitglied einer Schafherde zu werden, muss man vor allem eins sein: Ein Schaf. Das hat Einstein gesagt. Unsere zwanzig Schafe würden dem uneingeschränkt zustimmen. Sie würden den Satz ergänzen: Nur ein Schaf weiss, wie schön es ist, so unglaublich dicht beisammen zu stehen, dass nicht mal ein Heuhalm mehr dazwischen passt. Nur das gibt den Kick. Die Lämmer liegen während der Erwachsenenmahlzeit mit eingeschlagenen Beinen im Stroh. Manche versuchen, zwischen den achtzig Schafhufen ihre Mutter zu finden, und werden unsanft wieder in die Mitte des Stalls befördert. Die rote Holzscheune mit den schwarzen Türen und Fensterrahmen beherbergt nicht nur den Schafstall. Innen stapeln sich auch die Strohballen für die Kühe im Nachbarhof Odensviholm. Seine Besitzer bewirtschaften auch unser Ackerland und einen Teil der Weidefläche. Auf den duftenden Strohballen sitzen Philipp und Laura, manchmal auch wir, und sehen den Schafen beim Kauen zu, lauschen dem gleichmäßigen, merkwürdig beruhigenden Geräusch der mahlenden Kiefer, nehmen den warmen Stallgeruch nach Heu und Schafwolle in uns auf, und fühlen uns am Rand der Herde gut aufgehoben. Nur Swipp läuft geschäftig an den Futterraufen hin und her. Er achtet darauf, dass kein Schaf den Stall verlässt. Er ist ein Hütehund. Jedenfalls glaubt er das. Swipp ist ein junger, schwarzweisser Boarder Collie. Nicht irgendeiner: Mit vollem Namen heisst er Teddy von Stensvassa, und sein Großvater war ein englischer Hütechampion, wie aus den Papieren hervorgeht. Doch auch die hervorragendsten Gene müssen bearbeitet und modelliert werden, damit sie an die Qualität der Ahnen anknüpfen können. Das ist nicht nur bei Boarder Collies so. Bei vielen Lebewesen zeigt sich von Beginn an ein gewisses Talent, das sich aber wieder verliert oder diversifiziert, wenn es nicht gehegt wird. Wir wollten keinen ausschliesslichen Hütehund. Wir dachten an eine Art Teilzeitarbeit.

Die Fenster der grossen Küche öffnen sich zur Kirche. Wir blicken ueber das Weizenfeld gegenüber auf den weißen Turm , und hören die Glocken läuten. Es ist Sonntag. Wir sitzen am Frühstückstisch. Die Sonne liegt auf den roten Fliesen, der Flieder vor den Fenstern duftet, wir können es hier drinnen riechen. Vögel zwitschern. Gleich würden wir hinuntergehen zum See und nachschauen, ob die Schafe getrunken hatten und wieder nach oben auf die Weide gingen. Conny würde heute kommen und die Schafe scheren, ihnen ein Entwurmungsmittel geben, und die Klauen schneiden. Sie wuchsen schnell auf dem Lehmboden rund um die Scheune. Wir mussten die Tiere in den Stall bringen.

Die Glocken haben aufgehört zu läuten. Das Geräusch von draußen klingt wie das Mähen eines Schafes, gefolgt von einem Gurgellaut. Das kommt unten vom See. Wir sind sofort auf den Beinen. Und wo war Swipp? Wir ahnen das Unheil, bevor wir es sehen können und rennen zum Ufer. Dort steht Günther, das Muttertier. Nur sein Kopf ragt aus dem Wasser, und jedesmal, wenn er sein verzweifeltes Blöken beendet, sinkt er nach unten, und aus dem Blöken wird ein Gurgeln. "Die Taue vom Boot in der Scheune, schnell!" ruft Eddy. Die Kinder sausen über die Wiese nach oben. "Weg mit dir!" donnert er Swipp an, der schwanzwedelnd und sichtlich stolz auf seinen Hüteerfolg am Strand steht und Günther fixiert, der sich nicht mehr von der Stelle bewegen kann. Ich greife den Hund am roten Halsband und expediere ihn in den nahegelegenen Pavillon am Hang. Swipp hat Eddys Worte nicht verstanden, er ist ein schwedischer Hund. Doch ihr Sinn ist ihm nicht verborgen geblieben. Hüten geht irgendwie anders. Ich schließe die Tür hinter ihm und renne zurück zum Wasser. Günthers dichter Pelz ist vollgesogen mit Seewasser. Er ist durchnässt und schwer wie Blei. Die dünnen Beine stecken tief in Sand und Schlamm. Philipp und Laura versuchen zu helfen, und umrunden mit Eddy den schockierten Günther im Wasser. Gemeinsam führen sie die Tauenden unter der Brust und dem Bauch des Schafes durch. Mehrere Versuche sind nötig, um Günther wieder zu einem Landbewohner zu machen. Die dicken Kefflartaue liegen nass im Sand. Ohne sie wäre er verloren gewesen. Die Kinder versuchen, Günther zu trösten. Er zittert noch ein wenig. Sie streicheln den nassen, dicken weißen Pelz. Doch Günther braucht etwas anderes: Mit stoischem Blick schaut er den Wiesenhang hinauf zu seinem Stall und blökt. Seine Lungen sind offensichtlich frei. Er blökt mit aller Kraft. Er will zu seiner Herde. Er ist ein Schaf.

Zwei Wochen später steht Günther mit zwei kleinen weißen Lämmern auf der Weide. Damit hatte er uns bereits im Jahr zuvor überrascht. Doch da hatten wir ihm schon seinen Namen gegeben.

Besuch auf der Halbinsel

TORRÖ

Der Tjuster Schärengarten besteht aus unzähligen Inseln. Viele sind nur mit dem eigenen Boot oder mit dem öffentlichen Schiffsverkehr zu erreichen. Bis in die 60er Jahre des letzten Jahrhunderts wurden viele dieser kleinen Inseln von Bauern und Fischern bewirtschaftet. Auf manchen wurde sogar Eisenerz gefördert. Heute sind sie nahezu verlassen, nur wenige Fischer gehen noch ihrem harten, mühsamen Handwerk nach. Viele der kleinen, roten Holzhäuser sind unbewohnt und beherbergen nur noch im Sommer Gäste, die dort die Einsamkeit und die Schönheit des Schärengartens genießen wollen.

Torrö liegt am nördlichen Rand des Tjuster Schärengartens Die Insel lässt sich über eine Brücke erreichen. Die Route führt über die Strasse E22 von Gamleby in Richtung Valdemarsvik. Bei Hulta biegt man nach rechts in Richtung Östra Ed ab und überquert die große Brücke in Östra Ed. Nach ca 1 Kilometer rechts abbiegen. Die Straße führt durch ein Naturreservat bis zu einem Parkplatz. Hinter einer Schranke führt der Wanderweg (auch mit dem Fahrrad gut zu befahren) 5 Kilometer zu einem kleinen Fischerdorf. Und um das Dorf führen einige reizvolle Wege durch die unberührte Natur der Insel.

Das kleine Fischerdorf auf der Insel Torrö

ARHOLMA

Vom Fischerdorf auf Torrö führt ein Rundweg über die Insel, der dem Besucher die Vielfalt der Schärenlandschaft vor Augen führt: Wälder wechseln mit flachen Felslandschaften an der Ostseeküste, in Wasserlöchern und Felsspalten blühen Gräser und Blumen, die nur in den Schären gedeihen können. Der Rundweg beginnt am Ausgang des Dorfes. Beachten Sie die Wegweiser Lotsstugan 0,9 (Lotsenhaus) und Korsudden 1 (Inselspitze), die dort in der Nähe eines Telegrafenmastes angebracht sind.

Wo einst die Boote der Heringsflotte lagen...

FLATVARP

Am äußersten Rand der Schären, 15 Kilometer von Loftahammer auf der Insel Stora Askö, liegt Flatvarp. Im 100 Meter langen Hafenbecken lagen früher zahlreiche Heringstrawler und sogar zwei große Lastschiffe. Heute wohnen noch 2 Familien in dem kleinen Flecken, der überall an längst vergangene Zeiten erinnert.

Als Badeplatz ist Flatvarp mit seinen langgezogenen, flachen Felsen beliebt. Im Sommer veranstalten die "turistförening Loftahanmmar" von hier aus Bootstouren durch den Schärengarten, und läuft dabei die Lotseninsel Städsholmen und die Insel Stora Grindö mit seiner "laxboa" an.

HULÖHAMN

Küstenwanderung im Naturreservat

Granit

Formen und Strukturen in Vielfalt

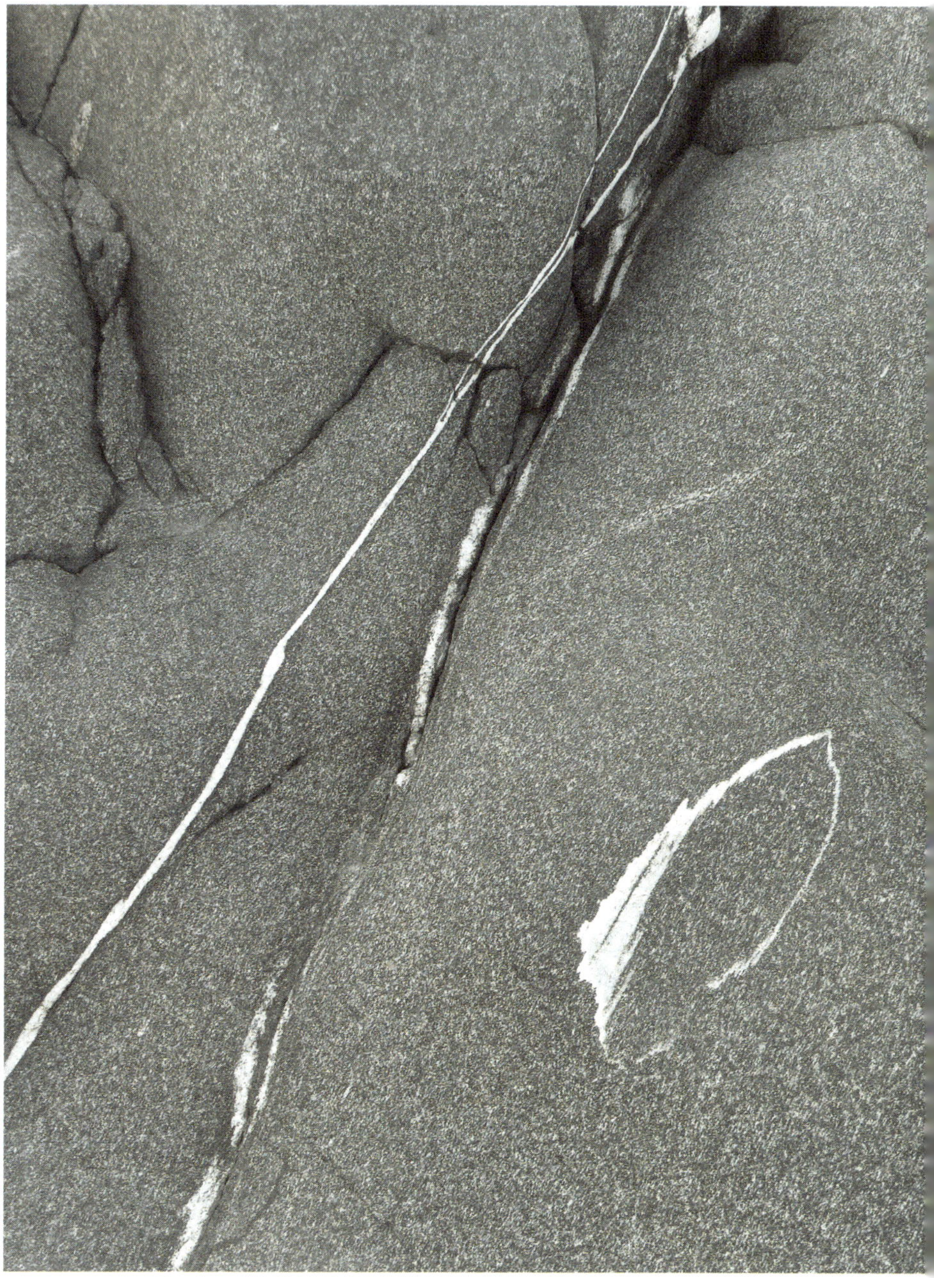

Eine sehr abwechslungsreiche Wanderung durch Weidelandschaften, Wälder und entlang der Ostsee. Auf der Strasse 213 Loftahammar durchqueren, hinter Loftahammar dem Abzweig links nach Flatvarp folgen. Bei Askedal rechts abbiegen und nach Hulöhamn fahren. Am Parkplatz informiert eine Tafel über das Naturreservat. Zwei Wege führen zum Wandern an die Ostsee. Markiert werden sie nur spärlich von kleinen orangefarbenen Pfeilen. Beide Wege beginnen am Parkplatz. Zwei Weidegatter passieren, nach etwa 10 Gehminuten kommt auf der linken Seite ein kleiner orangener Holzpfeil, der vom Weg auf einen Pfad in den Wald führt (Die bequemere Wanderung führt hier geradeaus weiter).

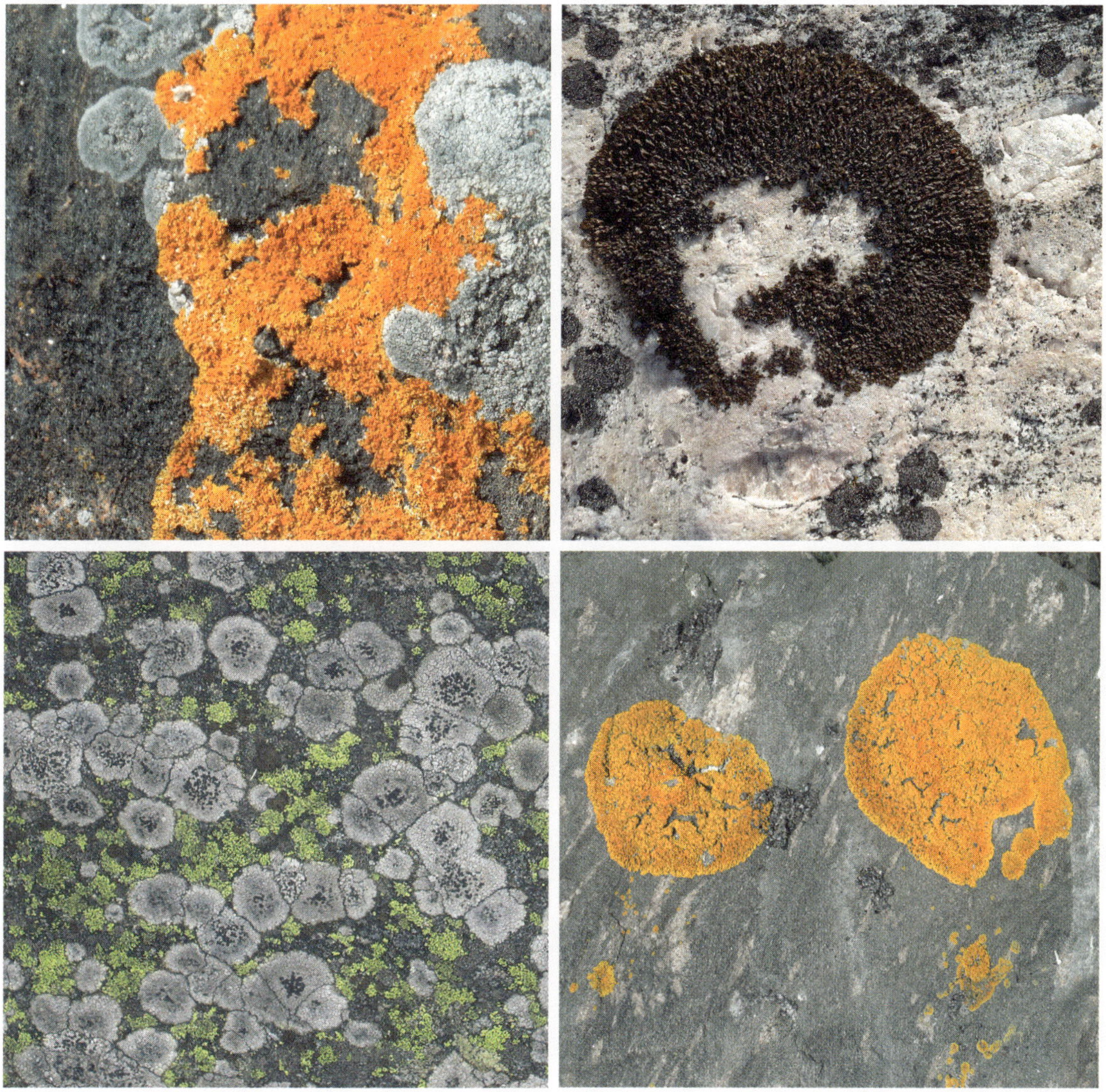

Im dichten Wald auf die Markierungen an den Bäumen achten! An der Ostseeküste angelangt, öffnet sich der Blick auf das offene Meer, dem hier nur noch wenige Inselflecken vorgelagert sind. Lange Holzbohlen sind beim Überqueren kleiner, schilfbewachsener Wasserstellen hilfreich. Auf den großen, flachen Steinen mit ihren schönen Einfärbungen lässt es sich gut laufen und rasten.

STORA GRINDÖ

EIN BOOTSAUSFLUG IN EINE BUCHT EINER KLEINEN SCHÄRENINSEL

Die Insel Stora Grindö im Schärengarten von Loftahammar lebte in früheren Jahren ausschließlich vom Fischfang. Davon zeugen die vielen Bootshäuser und Werkstätten, die sich auf den Felsen zusammendrängen. Heute wird der traditionelle Fischfang nur noch aus Liebhaberei betrieben.

Ausnahme ist die "laxboa" von Jan Hartmann: Im ehemaligen Bootshaus seiner Eltern betreibt er in liebevoll restaurierter Atmosphäre ein kleines Restaurant, in dem er hervorragende Fischspezialitäten bis hin zum 5-Gänge-Menu mit abschließendem Espresso anbietet. Die Fische stammen teilweise aus der von ihm betriebenen Lachszucht.

Die Zahl der Tische ist begrenzt, deshalb empfiehlt es sich anzufragen: www.laxboa.com.

Wer nicht mit dem eigenen Boot unterwegs ist, kann sich von Sörängen auf der vorgelagerten Halbinsel Kårö übersetzen lassen.

HANDWERK UND KUNSTHANDWERK – MARITIME NOSTALGIE

Õppet 10~18

MIT DEM FALTBOOT UNTERWEGS

Weit weg vom Rest der Welt: Die Schäreninseln erschließen sich in ihrer Stille und Schönheit am besten, wenn man sie selbst entdeckt. Wer die Inselwelt um das Städtchen Loftahammar bei Västervik erkunden will, lässt sein Boot bei Tättö ins Wasser. Der Wegweiser befindet sich an der Straße 213 kurz vor Loftahammar.

Von hier aus führen viele Routen zu den unzähligen Inseln und ihren Buchten. Hier kann man anlegen, auf flachen Felsen rasten und in der Ostsee baden, ungestört in der Sonne liegen, träumen und vielleicht sogar einen Seeadler beim pfeilschnellen Sturzflug ins Wasser beobachten.

RÅGÖ EINE INSEL ZUM VERWEILEN

Auf der Insel Rågö- einem Naturreservat in den Schären von Loftahammar-, wird die Tradition der Schärenfischer gepflegt. Die alten, schwarz geteerten Holzboote liegen am Strand, und jedes Jahr im Juli treffen sich hier Eigner und Bewunderer der Nordischen Holzboote. In den gut erhaltenen Bauernhäusern ist ein kleines Museum untergebracht. Die schönen Wanderwege, die Klippen und Sandbuchten machen Rågö zu einer der idyllischsten Inseln im Schärengarten.

RÅGÖ
RÅGÖ

Im Sommer werden täglich mehrere Bootstouren von Västervik und Loftahammar nach Rågö angeboten. Wer mit dem eigenen Boot die Insel erreichen möchte, fährt mit dem Auto Richtung Loftahammar. Kurz vor dem Ort, geht rechts eine Straße ab Richtung Tättö. Dieser Straße bis zum Campingplatz folgen, hier kann man bequem am Bade strand das Boot zu Wasser bringen.

Wer kein eigenes Boot besitzt, kann sich im Restaurant am Campingplatz Kanus ausleihen. Oberhalb des Hafens von Rågö befindet sich ein idyllisch gelegenes Restaurant. Unter Schatten spendenden Bäumen kann man die schwedischen Spezialitäten genießen, die auf einer handgeschriebenen Tafel angeboten werden. In der Nähe befindet sich eine Jugendherberge.

Info Restaurant und Jugendherberge:
Anita und Paul Hultberg.
www.rago.nu
info@rago.nu

BOOTSTOUR AUF DEM STÅNGÅN ZUM JUTTERNSEE

Der kleine Ort Horn in Östergötland mit seinem nadelspitzen Kirchturm liegt nicht weit von Odensvi entfernt, und ist auf der Straße 135 in Richtung Kisa schnell erreicht. Hier durchläuft der Fluss Stångån den langgestreckten See Åsunden und bildet mit ihm ein Stück des Kinda Kanals, der mit seinen 15 handbetriebenen Schleusen zwischen Linköping und Horn verläuft: Ein Paradies für ruheliebende Paddler, Kanuten und Bootsfahrer. Der Stångån kommt aus dem Süden, ein über lange Strecken einsamer, gewundener, naturbelassener Flusslauf.

Eine Bootstour mit dem eigenen Kanu auf dem Stångån ist ein reizvolles Naturerlebnis. Eine geeignete Stelle, um das Kanu ins Wasser zu lassen, befindet sich am Rande des Örtchens Blomfors, ca. 2 km westlich von Horn. In Blomfors wird eine Staumauer überquert, dann rechts abbiegen. Nach 100 Metern führt ein kleiner, gelber Pfeil zum Startplatz. In absoluter Einsamkeit gleitet das Boot in ruhigem Wasser dahin, vorbei an Seerosenfeldern und Schilf, begleitet durch munteres Vogelgezwitscher. Ab und zu kleine, rote Häuser, die sich malerisch im Wasser spiegeln. Am Ufer gibt es romantische Anlegestellen für kleine Erholungspausen.

Der Schatz in den Seen:

Krebse

Im August werden in den schwedischen Seen die Fangkörbe für die Süßwasserkrebse ausgelegt, eine begehrte Delikatesse. Mit oder ohne Papierhütchen auf dem Kopf, aber immer mit Gesang und Schnaps wird die traditionelle "kräftskiva" - das Krebsessen - gefeiert. Die Freude am fröhlichen Krebsfest ist so groß, dass der Bedarf nicht allein durch einheimsche Krebse gedeckt werden kann. Da hilft der Tiefkühlkarton aus dem Reich der Mitte...

5 LITER

5 LITER

Kräftskiva – Familientradition auf Odensviholm

Der Mond liegt schimmernd auf dem schwarzen Wasser des Kyrksjö, als wir zum dritten Mal hinausfahren, um die Fangkörbe mit den Süßwasserkrebsen heraufzuholen, zu leeren, neue Köderfische einzusetzen und dann wieder auf den Grund des Sees hinabzulassen. Die etwa 20 cm großen, schwarzbraunen Krebse fängt man in der Abenddämmerung oder bei Nacht. Am Tage ruhen sie und bewegen sich kaum. Die Fangstellen sind markiert, die Bojen liegen schon einige Tage dort, und werden immer wieder angefahren. Ich rudere nach besten Kräften. Die beiden Männer an Bug und Heck sind vollauf beschäftigt. Lasse beugt sich weit über den Bootsrand hinaus und flucht herzhaft. Er hat die Leine verfehlt. Wir lachen bei der Vorstellung, daß nicht die Krebse im Boot, sondern einer von uns im See landen könnte. Es ist eine warme Nacht im August. Am Heck kniet Lars-Gunnar. Er holt ein paar dunkle Prachtexemplare aus dem hochgezogenen Korb und bugsiert sie in den Behälter vor meinen Füßen. Die kleine Insel Svanholmen liegt vor uns im Mondlicht. Die Fischreiher begleiten unsere nächtliche Aktion mit unruhigem Krächzen. Jetzt hat Lasse seinen Korb ins Boot gezogen. Die Krebse darin rascheln mit ihren Scheren. Es ist ein trockenes, hölzernes Geräusch. Ich denke an meine nackten Zehen. Plötzlich fällt mir der Sommertag am Chiemsee ein, als unsere kleine Jolle bei starkem Wind zwischen der Fraueninsel und dem Festland auf Grund gelaufen war. Ein Chiemseefischer machte an unserem Boot fest, wir stiegen in seinen langen Kahn und zogen die Jolle wieder frei. Beim Umsteigen lachte der alte Bayer gemütlich, sagte etwas für uns Unverständliches und deutete in sein Boot. Die Aale, die dort lagen, waren nicht trocken und nicht hölzern, sondern durchaus lebendig.

Über das dunkle Wasser höre ich die Stimmen von Agneta, Irene und Eddy. Sie sind mit dem zweiten Ruderboot unterwegs und fangen Krebse. Der Sommer ist auf dem Höhepunkt. Die Erntezeit ist gekommen, nicht nur auf den Feldern und in den Wäldern. Auch für die Krebse. Bis vor kurzem durften sie erst am bekanntgegebenen "premierdag" gefischt werden. Jetzt ist den Besitzern der Seen überlassen, wann sie die Zeit für gekommen halten.

Krebse sind kostbar. Sie werden eifersüchtig gehütet, und dürfen nur mit besonderer Erlaubnis gefischt werden. Entweder besitzt man die Fischrechte oder kauft sich bei einem Eigner oder einer Gemeinde ein, die die Fischrechte besitzt. Ein Kilogramm schwedischer Süßwasserkrebse kostet in der Stockholmer Markthalle immerhin ungefähr 700 Kronen. Dieser Umstand und die Tatsache, daß nicht jeder Krebsliebhaber einen See in der Nähe hat, in dem er Krebse fischen kann, hat dazu geführt, daß die Delikatesse eingeführt und tiefgekühlt angeboten wird. Seit langem schon werden Krebse aus der Türkei importiert, in den letzten Jahren vermehrt auch aus China, wo sie gezüchtet werden.

Die Krebse des Kyrksjö sind nicht gezüchtet. Sie leben ein gesundes, friedliches Krebsleben am Grunde des Sees. Die meisten von ihnen bleiben ohnehin unbehelligt bis ins hohe Krebsalter. Doch die Artgenossen, die in die Käfige tappen, durchlaufen eine Metamorphose und werden so der Höhepunkt der "kräftskiva": Rot und prächtig. Zubereitet werden sie in einem Sud aus Wasser, Öl, Zucker, Salz und vielen Dillkronen aus dem Kräutergarten. Dazu wird eine selbstgerührte Mayonaise gereicht, aus Eigelb, Senf, Öl, weißem Balsamico und Zitrone.

König Erik XIV befahl dem Vogt von Nyköpingshus erstmals im Jahre 1562, er möge Krebse für den Hof

fangen. Dies war der Anfang der schwedischen "kräftskiva", dem feierlichen Krebsessen, das sich in Deutschland schon seit dem Mittelalter großer Beliebtheit erfreute. Es war die ideale Speise für die Fastenzeit. In Schweden entwickelte sich im 19. Jahrhundert der Export der Krebse zu einer guten Einnahmequelle. Doch die Krebspest, eine durch Algen übertragene Erkrankung der Flußkrebse, setzte der Ausfuhr Anfang des 20.Jahrhunderts ein jähes Ende. Die Flußkrebse wurden durch Signalkrebse ersetzt, die ebenfalls zu der Familie der Astacura gehören, und seitdem den Mittelpunkt der "kräftskiva" bilden. So auch in Odensviholm, dem 1785 entstandenen Herrenhaus am Kyrksjö, das 1975 von Lasse übernommen wurde, der es gemeinsam mit seiner Familie als Landwirt betreibt.

Die Tische im ersten Stock des Herrgård, von dem man weit über den See blickt, sind weiß gedeckt. Rote, aus Folie geschnittene Krebse liegen zwischen den Platten mit Västerbottenkäse, Brot, würzigem Gemüsepaj, Salaten, Soßen und Mayonaisetöpfen. Das sind wesentliche Zugaben zum Krebsessen, denn Süßwasserkrebse schmecken zwar delikat, doch ihr Sättigungswert ist begrenzt. Die großen Platten mit den leuchtend roten Krebsen werden hereingetragen, der Schmaus kann beginnen. Und bald darauf auch das traditionelle Singen der zur "kräftskiva" gehörenden "snapsvisor": Ein Tisch beginnt, der nächste antwortet, der dritte steht nicht nach, der vierte geht zum Singen in die Kniebeuge. Die Stimmung ist übermütig und fröhlich. Die stürmische Lebensfreude auf dem Höhepunkt des Sommers steckt alle an. Und sie tun ihr Bestes. Martin und Frederik, die Söhne der Familie, bringen mit ihren raschen smaländischen Wortspielen alle zum Lachen. Die sechs Enkel zwischen drei und neuen Jahren spielen Fangen und Verstecken neben und unter den Tischen, sie genießen das Fest als bunte Kulisse für ihre Spiele. Ulla, die 80 jährige Großmutter der Söhne, sieht ihren Urenkeln beim Spielen zu, und wiegt den Kopf im Takt der Melodien.

Wieder liegt der Mond schimmernd auf dem Wasser, als wir weit nach Mitternacht aufbrechen, und mit dem Boot das gegenüberliegende Ufer des Kyrksjö ansteuern. Die letzte "snapsvisa" begleitet uns noch, als wir schon rudern. Es ist die "gärdevisa", die nicht nur gern gesungen, sondern auch gern mal in die Tat umgesetzt wird.

När jag kom hem från jäla
Så tog jag mig en knorr,
För kära di var blöte,
Men strupen den var torr.
Och då tänkte jag som så,
Det är bäst att blöte på.
För strupen torkar fortare
än klära gör ändå!

Erzählt wird von einem Schweden, der vom Feld nach Hause zurückkehrt. Er trinkt einen Schnaps, seine Kleider sind naß, aber die Kehle ziemlich trocken. Da dachte er bei sich, daß es gut sei, die trockene Kehle anzufeuchten, da sie wesentlich schneller trocknet als seine Kleider es tun.

Die Schatten der kleinen Inseln und das Mondlicht verändern die Landschaft, oder trägt vielleicht das Singen der Schnapsweisen oder gar der Schnaps selbst dazu bei, daß wir weiter nach Westen rudern als sonst? Die Sterne spiegeln sich im Wasser, während über den Wiesen und Wäldern im Osten schon ein neuer Sommermorgen heraufzieht. Und da sehen wir ihn: Swipp, unseren Hütehund, der bellend und schwanzwedelnd auf dem Bootssteg in Norringe steht. Und der uns hütet.

BRIGITTE

IDA
KERSTIN
CHRISTEL
BRIGITTE

CHRISTEL

5 LITER

WELCOME

Landhausidylle in den Stockholmer Schären

DALARÖ

Schon vor 500 Jahren legten alle Handelsschiffe auf dem Weg nach Stockholm oder weiter in den Norden in Dalarö an: Nicht, weil es hier so schön ist, sondern hier befand sich bis 1928 die Grosse Königliche Zollstation. Die hügelig gelegene Halbinsel zog schon früh die Stockholmer Bürger an, die hier ihre Landhäuser bauten und die Sommermonate am Meer verbrachten.

Doch auch der Fischfang spielte immer eine wichtige Rolle auf Dalarö. Anders als bei den armen "kusiner från landet" - den kargen Schäreninsel im Süden -, pulsiert hier das Leben in den Sommermonaten.

Übernachtung im Lotsenhaus

Am Hafen von Dalarö steht das alte Lotsenhaus. Die Jugendherberge - das vandrarhem - wird privat betrieben und vermietet. Zwar keine Zimmer mit Luxusausstattung, dafür aber mit Meeresblick. Acht Betten gibt es hier, und wer nicht gerade in der Hochsaison einen ruhigen Platz in den Schären sucht, liegt hier richtig.

VANDRARHEM Tulbacken 4 13054 Dalarö
Tel und Fax: 0046/850151636

In den Gärten der stilvollen Häuser blühen Malven und Rosen. Runde Pflastersteine liegen auf den steilen, schmalen Straßen, die mit ruhigem Gang und Zeit zum Betrachten beschritten werden wollen. Ein Skärgårdmuseum erinnert an vergangene Zeiten. Doch Dalarö ist auch der ideale Ausgangspunkt für einen Besuch in der Hauptstadt Stockholm.

Und wer sein Auto nicht dem Großstadtverkehr aussetzen will, stellt es auf dem Parkplatz in Handen ab, und fährt in 20 Minuten mit dem Zug in die Stockholmer Innenstadt.

1865

FISKFÖRSÄLJNINGSFÖRENING
FÄRSK

VISTA

Smultronställe

Smultron sind Walderdbeeren. Sie wachsen auf Lichtungen, an Wegrändern und überall dort, wo die Sommersonne den Waldboden lange genug wärmt, um sie zum Reifen zu bringen. Ein betörender Duft, warmes Dunkelrot und kleine, runde, weissblättrige Erdbeerblüten. Kein Vergleich zu gekaufter Ware. "smultron" in der Pappschale, das ist wie Suppe ohne Salz. Nur der Waldboden gibt den kleinen, roten Früchten den unvergleichlichen Geschmack nach Sommerwürze. Irgendwo an einer Wiesenböschung liegen, "smultron" auf einen Grashalm aufgezogen, Augen schließen und die Beeren in den Mund gleiten lassen: Das ist das Glück. Und in Östergötland darf man es ohne Angst vor dem Zwergbandwurm genießen. Es gibt ihn hier ebensowenig wie die Tollwut, und nicht nur die Naturwissenschaftler hoffen, dass es noch lange so bleibt.

"Smultronställe", das ist abgesehen von den verheissungsvollen Waldlichtungen, der Begriff für den Lieblingsplatz. Sei es das Sommerhaus der Grossmutter - sommarstugan-, in welchem man schon als Kind mit den Geschwistern die Ferien verbracht hat, der Bauernhof des Onkels, die kleine Insel in den Schären, die nur mit dem Kajak zu erreichen ist, der verborgene Badeplatz am Waldsee, die Wiese hinterm Haus. Eine "smultronställe" lässt sich nicht vorher bestimmen.

Das Geheimnisvolle an ihr ist, dass sie nur dort entsteht, wo wir mit uns selbst übereinstimmen. Die Innenstadt von Malmö ist zu Beispiel nur für wenige eine "smultronställe".

Aber der alte Schweinestall, abseits von Haus und Garten, ist so ein Platz. Er liegt hoch am Seeufer, hinter ihm stehen uralte, knorrige Eichen. Die Schweine, die an dieser exklusiven Stelle lebten, gehörten dem Pfarrer, der weiter östlich seinen Hof hatte. Der Westwind trieb den Stallgeruch weit weg von seinem Haus, praktische Lösung. Heute steht das langgezogene, niedrige Holzgebäude mit den roten Ziegeln leer. Davor ein Rasenstück, windgeschützt und unberührt. Mit dem Rücken an das Stalltor gelehnt, die Augen vor der Sonne fast geschlossen, schwebt überall der Duft von Gras, Moos und sommerwarmem Holz, Insekten summen. Irgendwo muhen Kühe, die Schwalben stoßen ihre kurzen, schrillen Sommerrufe aus. Es ist spät am Nachmittag. Unten am Seeufer laufen Bachstelzen mit langen, wippenden Schwänzen eilig hin und her, das Wasser schlägt in kleinen Wellen behutsam an Land. Es ist ruhig. Langsam lasse ich los. Ich gehöre doch dazu, zu all dem, was schon lange vor mir da war. Ich tauche ein in eine Welt, in der es so viel mehr Leben gibt als nur Menschen. Menschen verlieren hier ihre Wichtigkeit, und sie gewinnen viel, weil sie nicht allein sind an der "smultronställe", wo der Himmel die Erde berührt.

KILO
Surkörsbär 2011
Surkörsbär 2011

Johannisbeer-Eis

Für 900 ml Eis

250 g rote Johannisbeeren
2 Esslöffel Himbeergeist oder Rum
50 g Zucker
100 g Puderzucker
3 Eigelb
1/4 l Schlagsahne

Die Beeren im Mixer oder mit dem Rührstab gleichmässig purieren. Himbeergeist oder Rum sowie Zucker dazugeben.
Eigelb und Puderzucker schaumig rühren und mit der Beerenmasse mischen.
Sahne in einer eigenen Schale sehr steif schlagen. Zuletzt die Beerenmasse mit wenigen Zügen vorsichtig unterheben, damit eine marmorierte Masse entsteht.
In eine Plastik- oder Metallschale geben, und bedeckt mindestens 4 Stunden im Kühlfach frieren.

Caisse

WANDERN DURCH DEN Blaubeer-Wald

Die schwedischen Wälder mit ihren steinigen, kargen Böden sind der ideale Nährboden für unzählige Beeren, vor allem für die schmackhaften, dunklen Blaubeeren und die leuchtend roten Preiselbeeren, die auf schwedisch "lingon" heißen.

Das "allemansrätt" ein schwedisches Gesetz, das jedem den Zugang zum Wald und seinen Früchten für den persönlichen Bedarf zusichert, ermöglicht das Ernten auch auf privatem Grund. Diese großzügige Regelung kommt dem Wanderer zugute, der sich in den weiten Wäldern die Zutaten für viele köstliche Gerichte mit Beerenkamm und Beerenkanne sammeln kann.

Pikanter Salat mit Blaubeeren

Für 4 bis 5 Portionen Salat

Für die Soße:
4 Esslöffel Olivenöl
2 Esslöffel Weißweinessig
1 Teelöffel mittelscharfer Senf
2 Esslöffel Akazienhonig
4 Esslöffel Milch
5 Esslöffel gehackter Schnittlauch
4 Esslöffel gehackter Dill
Salz
Alle Zutaten zu einer Soße verrühren und mit Salz abschmecken.

300 g gemischter grüner Salat
200 g Blaubeeren
1 Beutel mini Mozzarella
12 grob gehackte Walnüsse

Sehr gut schmeckt dazu: Eine Salatgarnitur mit knusprig gebratenem Bacon.

Sommernacht

Eine warme Sommernacht. Das Fenster weit geöffnet, liegen wir in tiefem Schlaf und bauen in unsere Träume ein, was zu uns durchdringt: Der klagende Ruf eines Käuzchens, das leichte Rascheln der Eichenblätter im Sommernachtswind, die Lieder der Nachtigall aus dem Wacholdergebüsch. Die Geräusche einer Sommernacht sind eigentlich keine Geräusche, es sind Wohllaute. Es waren Wohllaute. Denn vor wenigen Tagen schreckten wir unversehens aus dem Schlaf: Ein dumpfes, langgezogenes Dröhnen durchdrang die Nacht. Laut war es. Es klang nicht, es war einfach nur dumpf, lang und laut, in immer wiederkehrenden Abständen, fünfmal hintereinander, dann eine kurze Pause, und von vorn: buuuh, buuuh, manchmal mit einem heiseren Anfangslaut. So ging es weiter, und irgendwann schliefen wir ein. Die Nacht war kurz. Wir ahnten: Odensviholm, der große Bauernhof am gegenüberliegenden Seeufer hatte sich eine neue Maschine zugelegt, einen Generator, der auch während der Nacht läuft, der Strombedarf ist hoch bei dem großen Stall. Er hätte es uns doch wenigstens sagen können, Stefan, der Bauer. Aber es war ihm sicher unangenehm, was hätte er denn schon sagen sollen: Um eure Nachtruhe ist es geschehen? Es gibt Dinge, die sind so, wie sie eben sind. Sie sind nötig. Punkt. Dort drüben wohnen ja auch keine Sommergäste. Sie wohnen hier. Auch die Sommergäste hatten die Töne vernommen. Interessiert, mit leichtem Bekümmern im Blick, fragten sie: Ein Generator? Eine neue Melkmaschine? Wird da nachts vielleicht etwas umgepumpt, abgepumpt?

Es ging so weiter. Die Fenster wurden nachts geschlossen. Ist sowieso besser wegen der Graspollen, die fliegen nachts besonders gern.

Am Abend waren wir bei Rolf eingeladen, der wenig weiter am Ufer ein kleines Sommerhaus hat, und auf dessen großer Veranda überm Schilf schon so oft auf den Sommer und die herrlichen Sommernächte angestossen worden ist. Ja, das waren noch andere Nächte. Ob er denn auch diesen neuen Generator höre, der nachts von Odensviholm herüberdröhne, fragen wir. "Vadå?" fragt Rolf, und seine Frau Britt schaut sehr erstaunt. Wir führen den Ton vor: Buuuh, buuuh, buuuh, so ungefähr. Die beiden lachten, lachten uns aus. "Det är mycket roligt" – "Das ist wirklich lustig", ruft Rolf. Gerade habe er uns fragen wollen, ob wir schon die Rohrdommel gehört hätten. Seit fünf Jahren schon habe keine mehr hier im Schilf genistet, und jetzt sei man sehr froh und auch ein bisschen stolz, dass sich an unserem See wieder eine niedergelassen habe. Eine Rohrdommel, kein Generator. Ja, sie klingen laut, und zwar deshalb, weil sie so groß seien, ungefähr bis zu einem Meter, und schwer seien sie auch, also ganz schöner Resonanzboden, oder? Die Rohrdommel sei eine Reiherart, sehr scheu, beigebraun wie der Schilf, sehr gute Tarnung. Und es sei sicher nicht ganz einfach für den armen Rohrdommel, eine Rohrdommelfrau zu finden. Also müsse er ordentlich rufen. So war das.

Wir erzählten unseren bekümmerten Sommergästen von der Rohrdommel. Die Fenster gingen nachts wieder auf. Derselbe Ton drang durch die Sommernacht, und er wurde in die Träume eingebaut. Er ließ das ohne weiteres zu. Es war ja schließlich kein Generator.

IDYLLEN AM RANDE DES WEGES

Fährt man von Odensvi mit dem Auto oder dem Fahrrad auf der Straße 135 in Richtung Hycklinge/Kisa, zeigt ein kleiner Wegweiser nach ca. 17 km mit der Aufschrift "Vintergatan" nach links. Der kühle Name lässt nicht gleich auf die schöne, verborgene Badestelle an dem Waldsee Hallången schliessen. Der See ist ruhig gelegen und gut versteckt. Wenn man Glück hat, kann man hier seltene Wasservögel beobachten. Unmittelbar nach Vintergatan folgt der Abzweig ebenfalls nach links in Richtung Talsebo. Wer nicht schon auf dem Fahrrad sitzt, kann hier das Auto auf einem kleinen Parkplatz rechts an der Straße abstellen und folgt dem Weg nach Talsebo durch Blaubeer- und Birkenwälder.

Bei Soptorp stößt man auf eine kleine Straße, der man nach rechts folgt. Durch lichte Wälder, vorbei an Schaf- und Kuhweiden, offenen Feldern und roten Holzhäusern radelt man nach Kila und gelangt schliesslich bei Hult wieder auf die Straße 135. Hier biegt man nach rechts ab und kommt nach 1,5 km wieder zu dem kleinen Parkplatz. Die Tour ist leicht zu fahren und ungefähr 17 km lang. Im Spätsommer Beerenkamm und Beerenkanne nicht vergessen.

ENTLANG DER FELSIGEN KÜSTE BEI BJURSUND

Ausgangspunkt für die Wanderung ist die kleine Strasse 213, die von der E 22 nach Gamleby in Richtung Norden rechts nach Loftahammar abbiegt. Bei Strömsholmen überquert sie eine gewölbte Brücke. Rechts am Brückenende findet sich der Hinweis "Bjursunds Camping": Hier rechts abbiegen, das Auto auf dem Parkplatz stehen lassen, den Campingplatz überqueren und bis zum Badeplatz am Meer laufen. Von hier aus führt auf der linken Seite ein schmaler Pfad durch Schilf und lichten Erlenwald zu einer weitläufigen, flachen und zerklüfteten Felsenlandschaft an der Ostseeküste.

Einige Felsen sind von Flechten, blühender Heide und Moos überzogen, vereinzelt ragen knorrige Fichten und Birken in den Himmel. Die späten Nachmittagsstunden sind die schönsten: Ein unvergessliches Erlebnis ist es, das Spiel der untergehenden Sonne auf dem Wasser und den Steinen zu beobachten!

Im Zauber-Wald

Der schwedische Wald lädt ein zum Untertauchen, zum Vergessen, sich selbst und die Welt. Die Schritte versinken im weichen Moos. Der Waldboden blüht. Mal klein und rosa an filigranen Zweigen, mal an hauchdünnen Stielen mit glänzenden Tropfen auf tiefgrünen Polstern. Weißgrüne Flechten wachsen zwischen den hohen Nadelbäumen, dazwischen unvermittelt dunkles Wasser. Die Sonne dringt durch die Baumwipfel und wirft goldene Lichtbündel auf das Grün. Im Spätsommer flirren silberne Seidenfäden durch die Waldluft: Brittsommer. Es ist still. Waldvögel rufen und antworten. Wer sich selbst einen Weg durch diese sanfte Wildnis bahnt, der schreckt schon mal eine Eule auf, die mit großen Flügelschlägen lautlos in der Tiefe des Waldes untertaucht. Aufgerollter, hoher Farn wechselt mit hellem Gras, blauen Glockenblumen und lilaroten Feuernelken. Der Phantasie sind in dieser Abgeschiedenheit keine Grenzen gesetzt. Es kommt vor, daß ein flüchtiger Sonnenstrahl zur Waldfee wird oder ein knackender Zweig zum Bären. Plötzlich leuchtet es am Boden neben der Eiche auf: Pfifferlinge, wie ausgegossenes Gold bedecken sie den Boden. Unbändige Freude beim Anblick dieses Fleckens. Es muss tief in uns angelegt sein, das Sammeln und das Glücksgefühl. Es sind nicht nur Pfifferlinge, auch Karl Johan -der Steinpilz - und Rotkappen, Birkenpilze, gelegentlich ein Parasol. Die Suche führt immer weiter in den Wald. Abgeschnitten und gebürstet wird die Ernte im Korb verwahrt, bald ist er voll.

Da fällt das Sammlerauge auf die Blaubeersträucher, und dazwischen wachsen tiefrote Preisselbeeren, genannt lingon. Der Waldspaziergang wird zur Orgie, die Kanne ist fast gefüllt.

Dann plötzlich die Erkenntnis: Ich habe mich verirrt. Wo bin ich hergekommen? Wo soll ich hingehen? Nirgendwo geht es wirklich weiter, auch nicht zurück. Gedanken an den Bären werden wach. In einer schwedischen Naturzeitschrift habe ich gelesen, wie man sich verhalten soll, wenn man einen Bären trifft. Erster Rat: "Steh still und genieße den Augenblick. Nur sehr wenige Schweden haben jemals einen Bären in freier Wildbahn sehen können." Eigentlich hoffe ich, daß das auch so bleibt. Alles Unsinn, weitergehen. Nur nicht jetzt den Fuß verstauchen. Da stand doch mal etwas in der Zeitung, vor zwei Jahren... nur nicht dran denken. Und der Hund? Er steht dort auf der Lichtung und sieht keineswegs beunruhigt aus. Das Handy. Aber wie soll man erklären, wo man ist? Er ist groß, der schwedische Wald: Er erstreckt sich durchgehend von der Ostsee bis zur Nordseeküste und bedeckt 54% des Landes. Irgendwo in diesen 54% bin ich jetzt. Da, die Trampelpfade der Elche. Man kreuzt sie überall. Leider nicht markiert.

Es dauert lange, bis ich von irgendwo das Geräusch eines Traktors höre. Dann stehe ich am Rande eines dieser kleinen, in den Wald eingesprenkelten Felder. Stefans Bruder Frederik ist bei der Ernte.

Anerkennend hebt er den Daumen beim Anblick meiner Beerenkanne und der Pilze. Ich gehe durchs Dorf nach Hause. Malin fragt mich unterwegs, wo ich denn diese herrlichen Pfifferlinge gefunden habe. "Kantareller" sagt sie. "I skogen", antworte ich lächelnd, ganz so, wie die Schweden es machen. "Skog" heisst Wald und wird mit viel dunklem "u" gesprochen: skuug.

Entlang der Ostsee:
Wanderung bei St. Hallmare

Am Ende der Straße von Loftahammar über die Badeplätze Källvik und L. Hallmare erreicht man den kleinen Hafen mit seinen wenigen Häusern. Wer rechts vom Parkplatz dem Pfad hinter zwei Bootshäusern nach oben folgt, gelangt in ein reizvolles Schärengebiet: Schwarzerlen, Birken und Kiefern säumen Schafweiden und Strandwiesen mit Schilfgras und Felsen.

Gelegentlich muß ein Weidezaun überklettert werden, dafür öffnet sich ein Blick auf das Meer, über dem in majestätischer Ruhe immer wieder mal ein Seeadler kreist und seinen heiseren Jagdruf ausstößt. Er ist in dem großen Vogelschutzgebiet wieder heimisch geworden.

Im Glesbygden - auf dem Land - leben die Menschen dünn gesät, und vielleicht werden deswegen die langsam wachsenden, freundschaftlichen Beziehungen besonders umsichtig gepflegt. Sie sind nicht so leicht austauschbar. Restaurants, in denen man sich abends zum Essen oder auch nur zu einem Glas Wein trifft, gibt es da nicht. Sie wären schon wegen der 0,2- Promillegrenze dem Niedergang geweiht, denn zu Fuß wären sie kaum zu erreichen, und Taxen sind selten und teuer. Alkohol am Steuer ist in Schweden kein Kavaliersdelikt, und ohne Führerschein ist das Leben auf dem Land kaum vorstellbar.

Doch nicht nur das ist der Grund, warum ein "kalas", ein Fest unter Freunden, gern zu Hause gefeiert wird. Es sind die Regeln, denen solche Feste unterliegen, die Trinksprüche, die kleinen Reden, das gemeinsame Singen: Diesen Ritualen ist kein öffentliches Restaurant gewachsen. Auf dem Lande verfügen viele Familien über eine "gamla stuga", ein altes rotes Holzhaus, in dem schon die Urgroßeltern lebten, in dem die Eltern geboren und man selbst aufgewachsen ist oder die Schulferien verbracht hat. Dort hat sich fast nichts verändert. Noch immer liegen im ersten Stock, den man über eine knarzende, schmale Holztreppe erreicht, die selbstgewebten Matten auf den gescheuerten Holzdielen. Die wenigen schmalen Schränke und Kommoden sind weiß gestrichen, die Wandkerzen reflektieren in ihrem metallenen Spiegel die Farbe des Messings, eine Petroleumlampe steht auf dem Tisch.Wenn hier im Winter der Wind durch die Holzritzen pfeift, ist es kalt. Und wer in diesen alten Häusern aufgewachsen ist, erinnert sich nicht nur an sommerliche Abenteuer, sondern auch ans Frieren. Kein undurchlässiges Dämmaterial, kein Wärmestau keine Luftfeuchtigkeit, sondern Ventilation pur. Kein Schadinsekt fühlte sich hier heimisch. Und schon deshalb sind diese Häuser unversehrt.

Im alten roten Stuga von Mulestad liegt die große Wohnstube zu ebener Erde. Dort stehen zwei lange Tische. Bodil und Torgny haben eingeladen, sie sind Landwirte in Mulestad und wurden vor einigen Jahren am schwedischen Königshof in Stockholm für die Qualität ihrer Milchkühe und deren Milch ausgezeichnet. Magnus, einer ihrer Söhne, bewirtschaftet mit seiner Familie eine Insel im Västerviker Skärgården, und er hat für die Vorspeise gesorgt: Sik, ein felchenähnlicher Weißfisch der Ostsse mit Sikrom, dem Rogen des Sik mit Dilljoghurt und Toast, tagesfrisch mit dem Duft von Kräutergarten und Meer. Ein Gast erhebt sich und dankt für die Einladung und die gute Vorspeise. Die kleinen, alten Schnapsgläser - aus dem Schrank der Großmutter wie alles Porzellan und Glas auf dem Tisch - funkeln im Kerzenlicht. Sie sind bereits gefüllt. Ein Textblatt der an diesem Abend ins Auge gefassten "snapsvisor" - der Trinklieder - liegt vor jedem Gast. Als erstes singen wir die Moritat vom Hefekringel.

Kalas – Herbstfest in Mulestad

Sie erzählt die tragische Geschichte eines jungen Mädchens, das sich einen Hefekringel kauft, der ihr bedauerlicherweise im Halse steckenbleibt. Das Lied schließt mit der Warnung vor trocknem Hefegebäck ohne flüssige Zugabe. So etwas sollte man besser nicht verzehren. Das käme auch keinem der anwesenden Gäste in den Sinn. Auch das Hauptgericht wird sicherheitshalber mit Getränken gereicht, denn auch Wild kann gefährlich trocken sein. Doch selbstverständlich nicht diese, vom Hausherrn eigenhändig erlegte Komposition aus Elch und Rotwild. Butterzarte Scheiben, eine ganze Nacht lang bei 100 Grad im Backofen gebraten, die Marinade aus Rotwein, Honig, Öl, Lorbeer und Wacholder mit Sahne zu einer aromatischen Soße aufgekocht, mit waldfrischen Herbstpfifferlingen - trattkantareller - angerichtet, da möchte man nur, dass der Herbst nicht so schnell zu Ende geht. Das Dessert schließlich erinnert an einen Waldspaziergang auf weichem, besonnten Moos und Waldbeerensträuchern: Die Heidelbeeren füllen die feingravierten Glasschalen, bedeckt mit einer Haube aus Vanillecreme und Krokant. Angestossen wird diesmal mit Sauternes, französischem Dessertwein, den die Schweden 1ieben. Nach beendetem Mahl erhebt sich wiederum ein Gast und bedankt sich für die Kochkünste der Hausherrin Bodil und für die Auswahl der Getränke durch den Hausherrn Torgny, der uns auch an diesem langen Herbstabend vor der Gefahr allzu trockener Speisen bewahrt hat.

EINE ERNTEPAUSE UNTERM Apfelbaum

Fredemaries Knäckebröd

Zutaten:
2dl Vollkorndinkelmehl
1dl Sesamkörner
1dl Sonnenblumenkerne
1dl geschroteter Leinsamen
1TL Meersalz
1/2dl Rapsöl, evtl .etwas mehr
2dl heisses Wasser
Alle Zutaten zu einem Brei verrühren und ca. 5 Minuten ruhen lassen. Dann die Masse mit einem Teigschaber oder einem beschichteten Teigroller leicht und dünn auf ein Kuchenblech ausstreichen, das mit Backpapier belegt ist.

Mit einem Teigrad die Fläche in kleine Vierecke einteilen.

Im vorgeheizten Ofen (150 Grad) 50 Minuten backen . Ofen ausschalten, und das Gebäck noch etwa 10 Minuten im geschlossenen Backofen ruhen lassen.

Schmeckt hervorragend zu allen Getränken oder wird einfach anstelle von Chips gegessen.

Lingonsylt-Preiselbeer-kompott

Zutaten:
1kg Preiselbeeren
2-3dl Wasser
600g Zucker

Beeren säubern und waschen. In einem Topf mit Wasser aufsetzen, langsam aufwärmen und bei geringer Wärme 15 Minuten kochen. Topf vom Herd nehmen und Zucker hinzufügen, sachte rühren, bis er sich aufgelöst hat.
Schaum abschöpfen. In kleine, vorgewärmte und saubere Gläser füllen, verschliessen und kühl und dunkel aufbewahren.

Schmeckt wunderbar zu allen dunklen Fleischspeissen, vor allem zu Wild.

Der Schneesturm

Die Kälte kam im November. In den nächten Frostnächten begann das Eis auf dem See zu singen. Wenn sich das Wasser ausdehnt, entsteht ein langgezogener, sphärischer Laut, der sich fast melodisch anhört. Es war noch kein Schnee gefallen, der See lag eisig mit schwarz glänzender Oberfläche da, in der sich nachts der Mond und die Sterne spiegelten. Sie funkelten grünlich in der Eiseskälte. Als am frühen Nachmittag des nächsten Tages der Orkan losbrach, war ich mit den Kindern allein zu Hause. Der Schneesturm verwehte in kurzer Zeit die schmale Zufahrtsstraße, die alten Eichen und Ulmen ächzten unter dem Wind, der von Westen her über den See peitschte. Die Temperatur sank auf minus 20 Grad. Die Stromversorgung fiel aus, die Wärmepumpe im Heizungsraum stellte ihre Arbeit ein. Es wurde dunkel. Die über Land führenden Stromleitungen waren vermutlich von einem herabstürzenden Baum getroffen worden. Es war 15 Uhr, draußen dämmert es bereits. Wir zündeten Kerzen und Petroleumlampen an. In der großen Küche heizten wir den Kamin an.

Mit Zeitungspapier und Spänen entfachten wir ein loderndes Feuer. Hier hatten wir schon manchen Stromausfall überstanden und die Kinder liebten es, am Küchentisch bei Kerzenlicht und dem lodernden Kaminfeuer zu spielen, zu malen, zu lesen oder Geschichten zuzuhören. Alle Geräte blieben stumm: Kein Computer, kein Fernseher, kein Radio, nur das hohe Pfeifen des Sturms. Es gab nichts Schöneres, als sich abends ein Matratzenlager vor der Feuerstelle aufzubauen, auf dem auch Swipp, der Hund, Platz fand. Die beiden grauen Kater, Fritzchen und Hindenburg, rollten sich unter dem Küchentisch zusammen. Und immer waren Alle geradezu enttäuscht, wenn plötzlich wieder das elektrische Licht aufflammte. Doch diesmal war es anders. Unsere 87jährige Großmutter lag im kleinen roten Gästehaus nebenan zu Bett, sie kam gerade aus dem Krankenhaus.

Im Gästehaus gab es nur elektrische Heizköper, die Luft würde schnell abkühlen. Sie könnte rasch eine Lungenentzündung bekommen. Doch unsere Oma weigerte sich beharrlich, ihr Bett zu verlassen und sich in die beheizte Küche im Nachbarhaus zu begeben. "Lasst mich ruhig hier 1iegen. Notfalls werde ich eben sterben", sagte sie ruhig und gefasst. Der Sturm tobte, der Schnee türmte sich vor Türen und Fenstern auf. Wir brauchten Beistand von den Freunden im Dorf. Ohne Nachbarschaftshilfe lässt sich ein Leben auf dem dünn besiedelten Land kaum denken. Ich rief Solweig und Thomas an. Philipp schaufelte inzwischen mit dem Spaten eine schmale Schneise zwischen die Häuser, die zwanzig Meter lange Spur würde nur kurz begehbar sein. Als Solweig und Thomas kamen, wickelten wir die verblüffte Oma zunächst in ihre Bettdecke, und dann in eine dicke Wollmatte ein. Die weißen Locken verschwanden unter einer dick gefütterten Jägermütze mit Ohrenklappen. Wir kämpften uns durch den tobenden Schnee und hielten die kostbare Rolle fest im Griff. Im warmen Sessel vor dem offenen Küchenkamin fand die Großmutter ihre Sprache wieder. Vom Sterben sagte sie nichts mehr. Tee wollte sie trinken: "Ein Tässchen, aber bitte heiß".

Advent

Die "Korsgrindssallee" ist die einzige große Straße in unserem Dorf. Sie führt von der Kirche zum "lanthandel". Die Allee wird an beiden Seiten von Eschen gesäumt, die im Sommer Schatten spenden. Jetzt glitzern auf den Zweigen Schneekristalle in der Sonne. Es hat geschneit. Kurz vor Mitternacht fielen die ersten Flocken, und ich ging zum letztenmal die Allee entlang, um Swipp zu suchen. Unser Boarder Collie hatte sich im Schutz der Dunkelheit vom Gelände gestohlen. Am Morgen lag er schlafend vor der Tür. Nicht weit von der Kirche steht die Dorfschule. Und während die weiße Schneedecke die Hauptstraße noch stiller macht als sonst, höre ich von dort fröhliches Kindergeschrei. Der Hausmeister hat den Schulhof zur glatten Eisfläche verwandelt, und die Schüler bewegen sich rasch und sicher auf ihren Schlittschuhen und versuchen, den Puck mit ihren kurzen Plastikschlägern in das kleine Tor zu schießen. "Bandy" heißt das Spiel.

Am Sonntag ist der 1. Advent, und damit Zeit, unsere selbstgefertigten Kränze und die Hafergarben vor dem "lanthandel" * zu verkaufen. Die Haferkörner dienen den Vögeln als Winternahrung, und die Menschen der Umgebung kommen von weither, um unsere Adventskränze zu kaufen, Türschmuck für die bevorstehenden festlichen Wochen. Elisabeth und Maria binden auch zu Mittsommer die prächtigsten Blumenkränze, und sie zeigten uns, wie man das Wacholdergrün, die Tannenzweige, helles Waldmoos, getrocknete Blumen und Früchte mit roten, silbernen oder goldenen Bändern auf den Drahtrohlingen befestigt.

Schon um 9 Uhr finden sich die ersten Käufer am Marktstand mit dem Weihnachtsschmuck ein. Mit dem gelben Kleintransporter fuhren wir die Kränze und Garben zum "lanthandel". Auf der leeren Ladefläche sitzt jetzt unser schwarzweißer Hund. Mit hochgestellten Ohren und wachem Blick verfolgt er den regen Handel und hofft, dass nicht nur diese ungeniessbaren Kränze, sondern vielleicht auch ein Stück Wurst im Laden gekauft wird, und wenn ja, warum nicht für ihn? Sicher denkt er an seine Kindheitstage. Gern ging er da spontan spazieren und landete der Hundenase nach beim "lanthandel". Er lernte ihn kennen und lieben, denn die Badegäste vom See schenkten ihm hier und da mal ein Stück von ihrem Schinkensandwich oder einer anderen Leckerei. Irgendwann klingelte dann bei uns das Telefon: Er sässe wieder da, hieß es dann, und wir holten ihn ab.

Der Türschmuck findet raschen Absatz, die Münzen und die Kronenscheine häufen sich in meiner Schachtel, und ich versuche mein Bestes, die schwedischen Worte der Kunden zu verstehen. Jetzt fragt mich schon der vierte Käufer, ob ich vielleicht den schwarzweißen Hund kenne, der dort auf der Ladefläche des gelben Autos sitzt. Ich verstehe, daß auch sie ihn kennen. Daß er nach Einbruch der Dämmerung kommt, und lange vor dem Hundezwinger sitzt und wartet, bis man ihn wegschickt. Ich habe die Namen der Höfe schon gehört, sie liegen im weiten Umkreis entfernt: Gällerstorp, Snärsfall, Möckelhult, Mössefall und Jonstorp. Mir wird klar: Auch und gerade weil Weihnachten ein Fest der Liebe ist, muss das hier ein Ende finden. Swipp darf unseren gutnachbarschaftlichen Ruf, und - was schlimmer wäre- die edlen Jagd- und Hütehundrassen der Umgebung nicht ruinieren. Ich muß Karina um Rat fragen.

Karina züchtet auf einem Hof nicht weit von hier Gebrauchshunde und trainiert sie zu hochquali-

*Der "lanthandel" ist oft das einzige Geschäft in den kleinen Dörfern Schwedens, und verkauft Lebensmittel und gängige Medikamente. In Seenähe sind hier oft auch Angelkarten erhältlich.

fizierten Arbeits- und Hütehunden. Sie hat ihr ganzes Leben mit Hunden zugebracht, liebt sie und versteht ihre Sprache. Sie ist eine Hundeflüsterin. Und die Hunde lernen, auf ihre Pfiffe zu hören. Sie führen genau die Aufgaben aus, die ein Pfiff aus der kleinen, roten Pfeife bedeuten. Die Pfeife ist auf die Hörfrequenz der Boarder Collies ausgelegt. Ohne zu zögern, setzen die Tiere in Höchstgeschwindigkeit die Signale in Aktion um. Sie kennen mehr als 50 unterschiedliche Pfiffe. Geübt wird mit Schafen, die ausserhalb der Trainingszeiten auf der Wiese stehen: Ruhige, reife, weisswollige Hüteobjekte, die schon so manchen Hütewettbewerb bestanden haben. Karinas Haus ist voll mit Pokalen und Zertifikaten: Preise für die Meisterschaften, die sie mit ihren Hütehunden im In- und Ausland gewonnen hat. Swipp ist unser erster Hund. Wir brauchen Karinas Rat.

In "havets kvarn" ist niemand zu sehen, als wir auf dem verschneiten Hof eintreffen. Wir gehen den Fußstapfen nach zu einem Nebengebäude, und bleiben starr vor Schreck stehen. Der Schnee vor unseren Füßen ist mit Blut bedeckt. An den Holzstangen vor uns hängt kopfüber ein geschlachtetes Schwein, das Blut tropft langsam in den weissen Schnee. Wir sind sprachlos. Nach wenigen Minuten kommt Karina aus dem Wohnhaus herüber zum Stall. Wir schauen sie fragend an und deuten auf das leblose Schwein. Sie aber ruft: "Julskinka!", und klopft sich lachend auf den Oberschenkel, als sie sieht, daß wir nichts verstehen. "Julskinka", ruft sie wieder. Das heißt "Weihnachtsschinken", und wir lernen, dass viele Familien auf dem Land im November ein Schwein schlachten, um Wurst herzustellen. Aber vor allem, um den beliebten Schinken einzusalzen und für die Festtage aufzubewahren. Dort taucht er neben Lachs und Wild, neben Safranbrot und süßem Haferbrei mit Sirup auf dem "julbord" wieder auf. Auf die Weihnachtsgans wartet man vergebens, da sie bereits am Martinstag verspeist wurde.

Im übrigen muss Swipp nachts eingesperrt werden. Sein Hang zu fremden Hundezwingern ist stärker als sein Wunsch, ein guter, gehorsamer Hund zu sein. Unser Hof ist zehn Hektar groß. Die Scheune liegt weit entfernt vom Wohnhaus, aber wir haben sein Jaulen in der ersten Nacht gehört. Ein kleines, ungenutztes Holzhaus liegt noch weiter entfernt. Als ich dessen Haustür am nächsten Morgen öffne, hat Swipp in seiner Not alle beweglichen Teile des kleinen Hauses bewegt, die Fensterbank neben der Eingangstür abmontiert und die Vorhänge herabgerissen. Und wir haben sein Jaulen gehört. Jetzt liegt er schon seit einiger Zeit nachts an einer sehr langen, roten Leine draußen vor unserer Tür. Irgendwann muß er dort ins Träumen geraten sein, oder die Zusammensetzung der Nachtluft hat sich verändert. Das Jaulen hörte auf. Er träumt nicht die selben Träume wie wir, aber es muß etwas Schönes sein, denn seit einigen Nächten ist es still.

Kjell

Die Schlangen sind echt: Grau mit zwei halbmondförmigen, gelben Flecken am Nacken, ungefähr zehn Zentimeter lang, ringeln sie sich auf den Küchenfliesen. Hindenburg und Fritzchen, die beiden jungen, grauen Kater, schieben spielerisch tänzelnd und leicht ihre Beute mit den Tatzen hin und her. Sie müssen sie vom Garten hereingetragen haben. Wir blicken erschreckt und gebannt auf den Küchenboden. Reptilien gehören nicht zu unseren Favoriten. Zumal wir nicht wissen, was sich da schlängelt. Wir fahren mit den Rädern zu Kjell. Die beiden schuppigen Tiere mit den gelben Flecken befinden sich in einem großen Marmeladenglas: Mit dem Kochlöffel hineingehoben und fest zugeschraubt. Kjell arbeitet wie üblich in seinem großen Garten am Dorfrand. Er wirft einen kurzen Blick durch seine dicke Brille auf das Marmeladenglas. "Snok - Ringelnattern - habt ihr da, völlig ungefährlich. Nehmt sie wieder mit und lasst sie am Wasser ins Freie."

Kjell und seine Frau Marianne waren früher Lehrer, und wann immer wir Fragen haben, Hilfe brauchen oder vergebens mit der Landessprache kämpfen, sind die beiden für uns da. Kjell habe ich vor wenigen Wochen zum erstenmal im "Lanthandel" von Odensvi getroffen. Ich stand vor Birgitta und Kurt, die den kleinen Laden am Ufer des Kyrksjö betreiben. "Det smular gott här", sagte ich. Die beiden blickten betreten zu Boden. Ich wollte ihnen sagen, wie gut es in ihrem Geschäft riecht. Der Backofen summte, und es duftete nach Dänischem Plunder. "Det smular gott här" wiederholte ich und wies auf meine Nase. Kurt blickte sie skeptisch an. Kjell stand nicht weit weg, er suchte unter den vielen Milch- und Joghurtsorten etwas heraus, bevor er auf Deutsch sagte: "Du sagst, es krümelt hier ganz schön."

Kjell und Marianne haben vier Kinder, die das Dorf vor langen Jahren verlassen haben, um sich anderswo auszubilden, zu arbeiten und eine Familie zu gründen. Zwölf Enkel verleben ihre Ferien regelmässig in dem großen Haus am Grabovägen, und Marianne backt auf ihrem Küchentisch unzählige "vetebollar", Hefeschnecken mit Zimt und Kardamom. Auch mir zeigt sie, wie man dieses Gebäck herstellt. Es ist so beliebt, dass es in Schweden jährlich den "Tag der vetebollar" gibt. Doch Marianne backt auch für Philipp und Laura das erste "pepparkakahus" vor Weihnachten. Das Schnittmuster für den Lebkuchen mit dem Zuckerguß, den bunten Perlen und der Schornsteinwatte gibt sie den Kindern mit. Sie kümmert sich auch um unsere Sprachkenntnisse, gibt mir Unterricht, und schreibt unverdrossen "bra!" unter die holperigen und fehlerhaften Sätze. Die beiden zeigen uns Ausflugsziele in der Umgebung: Den riesengroßen Findling "hängesten" aus der Eiszeit, unter dem Philipp und Flo hindurchkriechen, oder Idhult bei Rimforsa, wo man inmitten wilder Orchideen weit über die Seen und Wälder Östergötlands blickt. Der Fahrradausflug mit den Ringelnattern war nicht der erste seiner Art. Auch die ersten Pilzkörbe landen auf dem Küchentisch von Marianne und Kjell. Wir lernen, was wir gepflückt haben, und was noch wichtiger ist: Ob wir unsere Ernte auch verzehren dürfen.

Wenn unsere Sommergäste ihre Fahrräder, die sie von Deutschland oder anderswo mitbringen, mit ausgeklügelten Apparaturen abschliessen, lächeln wir und denken an Kjell. Sein Auto mußte während unserer ersten Monate in Odensvi in die Werkstatt. Die Schulferien waren zu Ende, Marianne und Kjell wollten die Enkel zu ihren Eltern zurück bringen, und wir liehen ihnen unser Auto.

Wir waren für einige Tage in Deutschland. Seine SMS erreichte uns im Großstadtgewühl: "Danke fürs Leihen. Habe das Auto vor euer Haus gestellt. Es ist vollgetankt. Der Schlüssel steckt. Kjell." Kjell liebt das Eis auf dem Kyrksjö, und das Eis liebt Kjell. Jedes Jahr wieder geht er als erster hinaus auf den See und prüft mit dem Eisstock, ob die Fläche trägt. Sein Hund Frite, eine wild gefleckte Basset-Mischung, hilft ihm dabei. Marianne hat während dieser Ausflüge schon so viel um die beiden gezittert, dass sie Kjell verboten hat, den See zu betreten. Denn es gibt keinen Winter, in dem er nicht im Eis einbricht. Sei es, um Frite zu retten, der zu forsch auf den zugefrorenen See springt. Oder auch umgekehrt, wie im vergangenen Winter, als wir plötzlich ein heftiges Bellen vom Ufer her hören. Wir helfen Kjell am Bootsteg aus dem eiskalten Wasser. Seine Kleider verschwinden im Trockner. Eingehüllt in eine Wolldecke sitzt er in der Küche und ruft Marianne an: "Es ist alles in Ordnung. Bin in einer halben Stunde zu Hause."

Das Leben in Schweden ist anfangs ungewohnt, die Unterschiede zu Deutschland sind groß, Vieles ist uns fremd. Es gibt verzagte Augenblicke. An einem späten Abend im September kehren wir von einer Reise aus Deutschland zurück. Auf der Fahrt haben wir viel darüber gesprochen, was wohl vor uns liegt. Die Korsgrindsallee ist menschenleer. Nur Kjell steht auf dem Platz vor der Kirche. Er ist mit Frite unterwegs und winkt. Er ruft etwas, was wir nicht verstehen. Wir kurbeln das Fenster herunter und hören, was er uns zuruft: "Välkommen hemma!"

ODENSVI
GAMLEBY
LOFTAHAMMAR
VÄSTERVIK
OSTSEE
1
2
3
4
5
6
7
Torrö 1
Flatvarp 2
Hulöhamn 3
Stora Grindö 4
St. Hallmare 5
Rågö 6
Bjursund 7